Tabea Taulien

Mehr Chancengleichheit durch eine Schule für Alle?

Chancen und Grenzen im deutschen Bildungswesen

Inhaltsverzeichnis

Abbildungsverzeichnis

Tabellenverzeichnis

Abkürzungsverzeichnis

EGP-Klassen	Erikson-Goldthorpe-Portocarero-Klassen
ESCS-Index	Index of Economic, Social and Cultural Status
IGLU	Internationale Grundschul-Lese-Untersuchung
OECD	Organisation for Economic Co-Operation and Development
PISA	Programme for International Student Assessment
TIMSS	Trends in International Mathematics and Science Study

1 Einleitung

> Durch das Schulsystem werden schon zehnjährige Kinder – und in der Regel definitiv
> – in Leistungsgruppen eingewiesen, die durch das Berechtigungswesen einer entspre-
> chenden Gruppierung den sozialen Positionen zugeordnet sind. (...) Die Schule ist des-
> halb ein sozialpolitischer Direktionsmechanismus, der die soziale Struktur stärker be-
> stimmt als die gesamte Sozialgesetzgebung der letzten 15 Jahre. (Picht, 1964, S. 31f.)

Der Reformpädagoge Georg Picht hat mit seinen Veröffentlichungen unter dem Titel „Die deutsche Bildungskatastrophe" bereits in den 1960er Jahren das stark se-
lektierende Bildungssystem als Problemzone ausgemacht und darin die Ursache
nicht nur für die mangelnde Ausschöpfung von Begabungen, sondern auch für ungleiche Bildungschancen gesehen (Watermann, Maaz & Szczesny, 2009, S. 95). Die
schulische Selektion findet in Deutschland so früh statt wie in kaum einem anderen
Land (Oelkers, 2004, S. 222). Das Bildungssystem erfüllt damit zwar seine Platzie-
rungsfunktion, legt Schüler*innen aber auch sehr früh auf Berufschancen fest
(Vester, 2013a, S. 96). Als Reaktion auf den von Picht und anderen Reformpädago-
gen ausgerufenen Bildungsnotstand einigten sich Politiker*innen 1969 auf einen
Schulversuch mit einer Schulform für alle: Die Gesamtschule (Lorenz, 2017, S. 16),
die „als nichtselektive Schulform ... bis zum Ende der Sekundarstufe I allen Schülern eine gemeinsame gleichwohl aber differenzierte zeitgemäße Grundbildung
vermitteln"[1] (Köller, 2008, S. 460) sollte. Gestützt wurde diese Idee durch die zu-
nehmenden Inklusionsdebatten, in denen – beruhend auf Artikel drei des Grund-
gesetztes – eine „Bildung für alle" gefordert wurde (u. a. Jantzen, 2018; Klafki,
2018; UNESCO, 1994). Nach Braun, Stübig und Stübig (2018, S. 8) bedeutet „Bildung für alle", „dass alle Menschen die Möglichkeit der Teilhabe an den Bildungs-
einrichtungen haben müssen. Es geht um eine möglichst umfassende Bildung ohne
institutionelle Beschränkung und ohne Selektion. Es geht um Demokratisierung
des Bildungswesens sowie den Ausbau und die Intensivierung gemeinsamer Bildungsinstitutionen". Bis heute existiert die Gesamtschule jedoch neben weiteren
Schulformen, eine Strukturreform des deutschen Schulsystems hat also nicht stattgefunden. Nach wie vor werden Schüler*innen größtenteils im Alter von zehn Jahren auf verschiedene Schulformen aufgeteilt. Dabei ist „die Anstrengung des Sys-
tems ... nicht darauf gerichtet, niemanden zurückzulassen, sondern zu sortieren,

---

[1] Die Formulierung „Schüler" ohne das weibliche Pendant meint hier sowohl Schüler als auch
Schülerinnen. Zitate, in denen keine gendersensible Sprache verwendet wird, werden im
weiteren Verlauf der Arbeit in dieser Form übernommen. Wenn nicht explizit anders er-
wähnt, beziehen sie sich stets auf alle Geschlechter.

wer wo hingehört" (Oelkers, 2004, S. 222). Der Übergang von der Primar- in die Sekundarstufe stellt weiterhin *die* zentrale Gelenkstelle in der Bildungsbiografie" (Vogel, 2019, S. 33) dar, weil die Bildungsentscheidung so unkorrigierbar und mit so weit reichenden Folgen verbunden ist, wie in kaum einem anderen Bildungssystem (Oelkers, 2004, S. 222). Dass die Schule damit weniger Instanz für sozialen Aufstieg, sondern eher eine Institution der intergenerationalen Reproduktion sozialer Ungleichheit ist, zeigen zahlreiche Untersuchungen, allen voran die Schulleistungsstudien IGLU[2], TIMSS[3] und PISA[4].

Was also wäre, wenn das Schulsystem nicht strukturell diese verschiedenen Schulformen vorsehen würde? Ziel dieser Arbeit ist es, die Idee einer „Schule für Alle" als einzige Schulform im deutschen Bildungssystem weiterzudenken und mögliche Chancen und Grenzen in Bezug auf die Chancengleichheit im Bildungswesen zu ermitteln. Konkret geht es um die Fragestellung, ob eine „Schule für Alle" geeigneter ist als ein mehrgliedriges Schulsystem, um die ungleichen Bildungschancen von Schüler*innen unterschiedlicher sozialer Herkunft anzugleichen. Strukturell gleicht dieses imaginäre Modell einer „Schule für Alle" den Einheitsschulen, wie sie beispielsweise schon erfolgreich in Kanada etabliert sind (Geißler & Weber-Menges, 2010, S. 571). Der Fokus dieser Arbeit liegt jedoch lediglich auf dem Merkmal einer gemeinsamen Beschulung aller Lernenden, sodass ein direkter Vergleich mit Schulsystemen in anderen Staaten, in denen weitere Maßnahmen Anwendung finden, nicht zielführend wäre. Vielmehr werden mithilfe von theoretischen Überlegungen und empirischen Untersuchungen ungleichheitsverstärkende Mechanismen im deutschen Bildungssystem ausgemacht, die Schlussfolgerungen über mögliche Chancen und Grenzen einer „Schule für Alle" zulassen.

Dazu wird im zweiten Kapitel zunächst der Status quo der Korrelation zwischen dem Schulerfolg und der sozialen Herkunft beschrieben und der Begriff „Chancengleichheit" – auch in Abgrenzung zu verwandten Termini – definiert. Das Thema der Chancengleichheit im Bildungssystem wurde maßgeblich von dem französischen Soziologen Pierre Bourdieu geprägt, der diese als Illusion identifiziert hat. Weiterhin hat Bourdieu im vergangenen Jahrhundert eine Reihe von Theorien zur kulturellen Reproduktion aufgestellt, die sich mühelos auf das deutsche Bildungssystem sowie die deutsche Gesellschaft übertragen lassen und auch heute noch

---

[2] Internationale Grundschul-Lese-Untersuchung
[3] Trends in International Mathematics and Science Study
[4] Programme for International Student Assessment

Gültigkeit beanspruchen (Bremer & Lange-Vester, 2015, S. 82). Anhand seiner Ausführungen wird im ersten Teil des dritten Kapitels erläutert, wie sich Mitglieder verschiedener Schichten voneinander unterscheiden und wie Ungleichheiten in den Denk- und Handlungspraktiken der Akteure zustande kommen. Der Einfluss dieser im Herkunftsmilieu erworbenen Denk- und Verhaltensweisen auf den Schulerfolg ist Gegenstand des zweiten Teils von Kapitel 3. Nachdem die Herkunftsfamilie der Schüler*innen als Reproduktionsinstanz sozialer Ungleichheiten in den Blick genommen wurde, fokussiert das vierte Kapitel die ungleichheitsverstärkenden Effekte des deutschen Schulsystems. Werden soziale Ungleichheiten insbesondere am Bildungsübergang von der Primar- in die Sekundarstufe sowie durch die frühe Aufteilung von Schüler*innen auf hierarchisch gegliederte Schulformen verfestigt oder verstärkt, würde das dafür sprechen, dass eine „Schule für Alle" die Chancenungleichheit im Bildungssystem reduzieren kann. Entstehen soziale Ungleichheiten dagegen eher durch ein ungleichheitsverstärkendes Lehrer*innenhandeln, kann auch eine solche Schulform nicht viel bewirken. Auf der Grundlage der in Kapitel 3 und 4 herausgestellten Mechanismen, die die ungleiche Chancenverteilung bedingen, werden im fünften Kapitel mögliche Chancen und Grenzen einer „Schule für Alle" beschrieben.

2 Die Chancengleichheit im Bildungssystem

Grundlegend für die Untersuchung der ungleichheitsverstärkenden Mechanismen in den Familien und im deutschen Bildungssystem ist die Erfassung der Abhängigkeit des Schulerfolgs von der sozialen Herkunft in deutschen Schulen (Kapitel 2.1) sowie die begriffliche Einordnung des Ausdrucks „Chancengleichheit" (Kapitel 2.2). In Kapitel 2.3 wird schließlich an Pierre Bourdieu und Jean-Claude Passeron (1964/1971) angeknüpft, die im französischen Bildungssystem im letzten Jahrhundert einen ähnlichen Zustand der sozialen Ungleichheit beobachten konnten, wie er heute in Deutschland existiert. Die Autoren sprechen aus verschiedenen Gründen von einer „Illusion der Chancengleichheit".

2.1 Bildungserfolg in Abhängigkeit von der sozialen Herkunft

Die Chancenungleichheit im Bildungssystem wurde in Deutschland bereits in den 1960er Jahren öffentlich problematisiert (Geißler, 2008, S. 71). Während zu dieser Zeit noch die „katholische Arbeitertochter vom Lande" als Idealtyp verschränkter Ungleichheiten galt, hat sich das Bild in den letzten Jahren zugunsten der Mädchen verändert (ebd., S. 85). Im Zuge der Bildungsexpansion wurden darüber hinaus durch den Ausbau von Realschulen und Gymnasien neue Bildungschancen geschaffen, von denen jedoch Schüler*innen aus allen Schichten profitierten. Die Veränderungen konnten daher nicht zu einer Angleichung der Chancen von Kindern unterschiedlicher sozialer Herkunft beitragen (ebd., S. 74f.; Geißler, 2014, S. 357). Nach Geißler (2008, S. 95) hat vielmehr ein Wandel der Chancenstruktur stattgefunden: „Die Kumulation der mehrdimensionalen Benachteiligungen hat sich von der Arbeitertochter zum Migrantensohn aus bildungsschwachen Familien verschoben".

Der Fokus dieser Arbeit liegt weniger auf Ungleichheiten in Bezug auf das Geschlecht oder einen Migrationshintergrund, sondern insbesondere auf der Ungleichheit von Bildungschancen bei Schüler*innen unterschiedlicher sozialer Herkunft. Der Begriff „soziale Herkunft" gilt dabei als sozialwissenschaftliches Konstrukt, das so erstmal nicht empirisch messbar ist. Stattdessen gehen in die Entwicklung der Erhebungsinstrumente zur objektiven Erfassung der sozialen Herkunft unterschiedliche Vorstellungen ein, die diesen Gegenstand überhaupt erst definieren (Brake & Büchner, 2012, S. 51). Grundlegend wird die soziale Herkunft über die relative Position in der Gesellschaft bestimmt, „welche die Eltern in der gesellschaftlichen Hierarchie, also in einem Gefüge von Über- und Unterordnung, einnehmen" (ebd.).

Die soziale Herkunft wird oft mit dem sozioökonomischen Status gleichgesetzt, der sowohl ökonomische als auch soziale Ressourcen berücksichtigt und meist der beruflichen Tätigkeit der Eltern ein besonderes Gewicht beimisst. In den IGLU- (u. a. Hußmann et al., 2017) und TIMS- (u. a. Wendt et al., 2016) Studien haben sich unter anderem die *Erikson-Goldthorpe-Portocarero-Klassen* (EGP-Klassen) zur Bestimmung des sozioökonomischen Status und damit der sozialen Herkunft etabliert. Die EGP-Klassen ordnen „Berufe nach der Art ihrer Tätigkeit (manuell, nicht-manuell, landwirtschaftlich), der Stellung im Beruf (selbstständig, abhängig, beschäftigt), den Weisungsbefugnissen (keine, geringe, große) sowie den zur Berufsausbildung erforderlichen Qualifikationen (keine, niedrige, hohe)" (Klemm & Rolff, 2016, S. 12f.). Der *International Socio-Economic Index of Occupational Status* (ISEI), der beispielsweise in der ersten internationalen PISA-Erhebung (OECD, 2001) oder im deutschen Bildungsbericht (u. a. Autorengruppe Bildungsberichterstattung, 2020) Anwendung findet, basiert weniger allein auf der beruflichen Stellung, sondern fokussiert insbesondere das Einkommen und das Bildungsniveau (Klemm & Rolff, 2016, S. 12). Ab der zweiten Erhebungswelle der internationalen PISA-Studien wurde der *Index of Economic, Social and Cultural Status* (ESCS-Index) zur Erfassung des sozioökonomischen Status gewählt, der neben der beruflichen Tätigkeit und dem Bildungsniveau auch den Besitz von Kultur- und Wohlstandsgütern berücksichtigt (OECD, 2016a, S. 222). Weiterhin wird die soziale Herkunft in einigen Untersuchungen (u. a. Bos, 2010; Pfost, Artelt & Weinert, 2013) als Bildungsherkunft definiert. Der Bildungsgrad der Familie wird dann durch den höchsten Schulabschluss der Eltern erfasst. In dieser Arbeit werden verschiedene Studien vorgestellt, die die soziale Herkunft von Schüler*innen messen, diese jedoch unterschiedlich operationalisieren. Alle gewählten Ansätze können wichtige Hinweise liefern, lassen jedoch keinen direkten Vergleich der Daten zu.

Nachdem die Chancenungleichheit im Bildungssystem in den 1970er Jahren aus dem Blickfeld der Öffentlichkeit gerückt ist, wurde sie 2000 durch die erste PISA-Studie erneut öffentlich problematisiert (Maaz, Baumert & Trautwein, 2010, S. 12). Neben den im internationalen Vergleich unterdurchschnittlichen Testergebnissen im Lesen der 15-Jährigen schnitt Deutschland auch in Bezug auf die soziale Chancengleichheit verhältnismäßig schlecht ab. Im Vergleich der OECD[5]-Staaten nahm Deutschland im Jahr 2000 in diesem Bereich sogar eine Spitzenposition ein (OECD, 2001, S. 139). Zwar hat sich der Zusammenhang zwischen dem sozioökono-

---

[5] Organisation for Economic Co-Operation and Development

mischen Status und den schulischen Kompetenzen in den darauffolgenden Jahren zunächst reduziert, die Stärke des Zusammenhangs liegt aber weiterhin signifikant über dem OECD-Durchschnitt (Tabelle 1). In Tabelle 1 ist der Prozentsatz der durch den sozioökonomischen Status (gemäß ESCS-Index) erklärten Leistungsvarianz von Lernenden in den Bereichen Mathematik, Naturwissenschaften und Lesen von 2003 bis 2018 für Deutschland im Vergleich zum OECD-Durchschnitt dargestellt. Die Ergebnisse aus dem Jahr 2000 wurden in die Tabelle nicht mit aufgenommen, da in diesem Jahr ein anderer Index zur Erfassung der sozialen Herkunft verwendet wurde (Ehmke, Hohensee, Heidemeier & Prenzel, 2004, S. 252).

PISA-Jahr	Untersuchte Kompetenz	Prozentsatz der durch den sozioökonomischen Status erklärten Leistungsvarianz in Deutschland	OECD-Durchschnitt des Prozentsatzes der durch den sozioökonomischen Status erklärten Leistungsvarianz
2003	Mathematik	22,8%	16,8%
2006	Naturwissenschaften	19,0%	14,4%
2009	Lesen	17,9%	14%
2012	Mathematik	16,9%	14,8%
2015	Naturwissenschaften	15,8%	12,9%
2018	Lesen	17,2%	12%

Tabelle 1: Stärke des Zusammenhangs zwischen den Strukturmerkmalen des familiären Hintergrundes (gemäß ESCS-Index) und dem Kompetenzerwerb von 2003-2018 in den bei PISA schwerpunktmäßig untersuchten Kompetenzbereichen für Deutschland im Vergleich zum OECD-Durchschnitt
(eigene Darstellung anhand der PISA-Veröffentlichungen: Ehmke et al., 2004, S. 249; OECD, 2007, S. 123; OECD, 2010, S. 55; OECD, 2013, S. 15; OECD, 2016b, S. 402; OECD, 2019, S. 17).

Die Unterschiede in den untersuchten Kompetenzen lassen zwar keinen direkten Vergleich zwischen allen Jahren zu, man kann aber dennoch davon ausgehen, dass bis 2015 zumindest ansatzweise eine Angleichung von Bildungschancen stattgefunden hat. 2018 scheint sich die soziale Ungleichheit in Deutschland jedoch wieder verstärkt zu haben. In diesem Jahr lassen sich 17,2% der Leistungsvarianz der Jugendlichen im Lesen auf den sozioökonomischen Status zurückführen. Obwohl der Wert leicht niedriger ist als im Jahr 2009, in dem ebenfalls die Lesekompetenz untersucht wurde, hebt er sich mit 5,2% in diesem Jahr deutlich stärker vom OECD-Durchschnitt ab als in den vergangenen Jahren. Die Chancenungleichheit im Schulsystem ist damit ein beständiger und im deutschen Bildungssystem besonders schwerwiegender Zustand.

2.2 Bildungsgerechtigkeit, Chancengerechtigkeit, Chancengleichheit

Sowohl in den PISA-Studien als auch in den sich daran anschließenden bildungspolitischen Diskussionen werden in Bezug auf die enge Kopplung von sozialer Herkunft und Bildungserfolg häufig die Begriffe „Bildungs(un-)gerechtigkeit", „Chancen(un-)gerechtigkeit" oder Chancen(un-)gleichheit genannt, wobei sich die Wortbedeutungen zu einem großen Teil vermischen (Dietrich, Heinrich & Thieme, 2013, S. 15). Bildung wird laut der OECD (2016a, S. 219) dann als gerecht angesehen, wenn Bildungschancen gleich verteilt sind: „In PISA bedeutet Bildungsgerechtigkeit, dass allen Schülerinnen und Schülern, unabhängig von ihrem Geschlecht, ihrem familiären Hintergrund oder ihrem sozioökonomischen Status, qualitativ hochwertige Bildungschancen geboten werden". Die Vorstellung von Bildungsgerechtigkeit als Chancengleichheit gilt – zu einem gewissen Anteil sicherlich auch dank PISA – als dominante Lesart des Bildungsgerechtigkeitsbegriffs (Heinrich, 2015, S. 241). Vor diesem Hintergrund wundert es kaum, dass die oben genannten Begriffe häufig synonym verwendet werden. Stojanov (2011, S. 18) sieht in dieser Bedeutungsvermischung jedoch einen „Skandal der wissenschaftlichen PISA-Diskussionen", da die Begrifflichkeiten weder problematisiert noch anständig geklärt werden. Im Folgenden wird der Versuch einer Problematisierung und Abgrenzung der Begriffe vorgenommen, um die Grundlage für weitere Diskussionen auf Basis der genannten Termini in dieser Arbeit zu schaffen.

Bildungsgerechtigkeit wird in der einschlägigen Literatur als „fuzzy Concept" (Dietrich et al., 2013, S. 12) oder auch als „essentially contested Concept" (Stojanov, 2011, S. 18) bezeichnet. „Fuzzy Concepts" sind Entitäten, Phänomene oder Prozesse, die mehr als eine Bedeutung aufweisen und dementsprechend in verschiedenen Kontexten Verwendung finden (Dietrich et al., 2013, S. 12). „Essentially contested Concepts" bezeichnen Begriffe, die in der Literatur umstritten sind, da sie keine Sachverhalte systematisierend und neutral beschreiben, sondern vielmehr politische Praktiken bewerten (Stojanov, 2011, S. 18). Bereits bei der Betrachtung der einzelnen Wortbestandteile wird diese Uneindeutigkeit des Begriffs „Bildungsgerechtigkeit" deutlich. Nach Stojanov (ebd., S. 17) ist Bildung kein „Gut, das man besitzt, sondern ein Entwicklungsprozess, in dem der Einzelne seine humane Existenz zur Entfaltung bringt". Das dargestellte Bildungsverständnis bei PISA als schulische Kompetenzen verkürzt folglich den Bildungsbegriff: *„Bildung ist mehr als nur*

PISA" (Rauschenbach & Otto, 2004, S. 23). Zu den Bildungszielen zählen neben dem Kompetenzerwerb in den Schulfächern beispielsweise auch die Identitätsfindung, die Beziehungskompetenz und die Solidarität (ebd.). Ein ähnliches Bild ergibt sich für den Gerechtigkeitsbegriff. Gerechtigkeit ist „diskutabel, sie muss argumentativ gestützt werden. Sie kann beschworen, bezweifelt – und nicht mit Messzahlen allein begründet werden" (Klemm & Rolff, 2016, S. 10). Die bei PISA dominierende Vorstellung von Bildungsgerechtigkeit als Verteilungsgerechtigkeit im Sinne einer gerechten Verteilung von Bildungschancen ist dabei nur eine Form der Gerechtigkeit, während andere Gerechtigkeitstheorien (Anerkennungsgerechtigkeit, Befähigungsgerechtigkeit) nicht in den Blick geraten (Heinrich, 2015, S. 240).

Wird in bildungspolitischen Diskussionen bei der Bildungsgerechtigkeit „Bildung" durch „Chancen" ersetzt, wird zumindest etwas deutlicher, worum es in den Debatten geht. Anhand des Begriffs *„Chancengerechtigkeit"* wird verständlich,

> dass es nicht mehr um einen Anspruch auf Bildung gehen kann, den man berechtigterweise hat oder nicht, sondern es scheint nur noch darum zu gehen, die Chancen auf Bildung gerecht zu verteilen. Eine Chance auf Bildung ist aber freilich schon nicht mehr das Gleiche wie Bildung selbst, sondern nur noch ein Kairos, den man am Schopfe packen muss, um eben seine (Bil- dungs-)Gelegenheit auch zu nutzen. (ebd.)

Dennoch ist auch Chancengerechtigkeit ein „fuzzy Concept" bzw. ein „essentially contested Concept", da aus dem Begriff erstmal nicht hervorgeht, wann die Chancenverteilung als gerecht anzusehen ist: „Was mit gerecht gemeint ist, bleibt offen und kann entsprechend auch Ungleichheit und damit das Ausbleiben eines Ausgleichs implizieren" (Dietrich et al., 2013, 18f.).

An dieser Stelle bietet sich die Betrachtung des Begriffs *„Chancengleichheit"* an. Klemm und Rolff (2016, S. 10) ordnen „Gleichheit", im Gegensatz zur „Gerechtigkeit", einer empirischen Kategorie zu. Wenn etwas gleich ist, lässt sich diese Gleichheit messen und ist von etwas anderem, den Messdaten zufolge nicht mit dem Übereinstimmendem, abgrenzbar. Die Daten sind dann nicht diskutabel, da sie empirisch erhoben wurden (ebd.). Gleichheit ist also in der Theorie keineswegs ein „fuzzy Concept" oder „essentially contested Concept". Nach Stojanov (2011, S. 31) ist der Begriff „Chancengleichheit" aber dennoch „unscharf und zuweilen auch irritierend". Dem Autor zufolge kann die Chancengleichheit im Bildungssystem zunächst sowohl als „Gleichheit der Chancen zur Bildung" als auch als „Gleichheit der Chancen durch Bildung" verstanden werden (ebd., S. 33). Mit der ersten semantischen Dimension ist ein gleicher Zugang zu Bildungsangeboten wie beispielsweise einem qualitativ guten Unterricht gemeint, mit der zweiten die Herstellung von gleichen Chancen zum sozialen Aufstieg und sozialer Partizipation (ebd.). Unter Berücksichtigung der ungleichen Voraussetzungen der Schüler*innen sowie der Möglichkeiten des Schulsystems erweisen sich jedoch beide Dimensionen als zu oberflächlich: Erstens ignoriert die erste Lesart „Chancengleichheit zur Bildung", also die formelle Gleichbehandlung von Schüler*innen am Beginn der Bildungslaufbahn, dass diese bereits durch ihre unterschiedlichen Startbedingungen bevorzugt oder benachteiligt sind:

> Man unterscheidet Chancen auf Bildung im Sinne des Zugangs zu Bildungsangeboten und Bildungschancen im Sinne des subjektiven Bildungs- und Kompetenzerwerbs. Letzteres setzt nicht nur den Zugriff auf Bildungsangebote, sondern auch die subjektive Fähigkeit voraus, die objektiv zur Verfügung stehenden Bildungsangebote in subjektive Bildung zu transformieren. (Neuhoff, 2010, S. 7; zit. n. Horster, 2015, S. 47)

Eine gleiche Verteilung von Bildungsangeboten führt weiterhin zu einer ungleichen Verteilung von Bildungschancen, wenn die Schüler*innen mit unterschiedlichen Startbedingungen in ihre Bildungslaufbahn eintreten, sie also in ungleichem Maße in der Lage sind, die Bildungsangebote zu nutzen. Zweitens stellt die Dimension „Chancengleichheit durch Bildung" im Sinne einer „Gleichmachung" der Ressourcen, Fähigkeiten und Motivationsstrukturen von Individuen „eine hoffnungslose Überschätzung der Möglichkeiten von Schulbildung" (Stojanov, 2011, S. 33) dar.

Stojanov (ebd., S. 34) schlägt vor diesem Hintergrund die Bezeichnung „Chancengleichheit durch Bildung zur Bildung" vor. Durch diese Kombination der beiden Dimensionen ergibt sich eine weitere Lesart des Begriffs „Chancengleichheit", die im Kern realisierbar sein könnte. „Chancengleichheit durch Bildung zur Bildung" verspricht allen Schüler*innen gleiche Chancen zur Bildung im Sinne einer Startchancengleichheit, indem durch Bildung eine Angleichung der Voraussetzungen zum Erreichen von Bildungszielen erfolgt (van Ophuysen, Riek & Dietz, 2015, S. 334). Erhalten Lernende durch Bildung die gleichen Chancen auf Schulerfolg, sind sie für das Ergebnis folglich selbst verantwortlich und Unterschiede in den Bildungsabschlüssen werden dann akzeptiert (ebd.). Der Begriff der Chancengleichheit stellt somit das Konkurrenzprinzip als Gerechtigkeitsprinzip vor: „Wenn im fairen Kampf um ein knappes Gut gerungen wird, dann ist das Ergebnis – ganz gleich wie es ausfällt – damit legitimiert" (Heinrich, 2015, S. 241). Die Chancengleichheit hat nach diesem Verständnis, im Gegensatz zur Ergebnisgleichheit, Ungleichheit zum Zweck (ebd.).

2.3 Die Illusion der Chancengleichheit

Durch die Gewährleistung von Chancengleichheit im Sinne eines fairen Leistungswettbewerbs wird die Verantwortung für Bildungserfolg und -misserfolg „in einer responsibilisierenden Art und Weise ... an die Subjekte delegiert" (Dietrich et al., 2013, S. 17). Das Schulsystem legitimiert leistungsbezogene Selektion anhand des meritokratischen Prinzips, demzufolge alle Menschen formal gleichgestellt sind und nur durch Leistung und Verdienst ihre Position in der Gesellschaft erarbeiten können (Solga, 2008, S. 20).

Bourdieu und Passeron haben sich bereits 1964 in ihrem Werk „Les Héritiers: Les Etudiants et la Culture" (deutscher Titel: „Die Illusion der Chancengleichheit" (1964/1971)) mit dieser Legitimation der Ungleichheiten in den Bildungsabschlüssen auseinandergesetzt. Die Autoren untersuchten die Hochschulbesuchsquoten in Frankreich in Abhängigkeit von der sozialen Herkunft und konstatierten einen signifikanten Zusammenhang: „Die Statistik zeigt, daß das Schulsystem objektiv eine umso totalere Eliminierung vornimmt, je unterprivilegierter die Klassen sind" (Bourdieu & Passeron, 1964/1971, S. 20). Die Illusion der Chancengleichheit beruht dabei insbesondere auf zwei Effekten der Bildungsinstitution (Fuchs-Heinritz & König, 2011, S. 41). Erstens werden unterschiedliche Voraussetzungen zum Kompetenzerwerb bedingt durch die soziale Herkunft entgegen der Idee der Chancengleichheit nicht kompensiert, sondern ignoriert. Das Bildungssystem misst damit keine objektiven Leistungen und bewertet rein nach Begabung und Anstrengungsbereitschaft, sondern reproduziert die gesellschaftlichen Hierarchien (Bourdieu & Passeron, 1964/1971, S. 20f.; Bremer, 2008, S. 1528). Zweitens verschleiert das Bildungssystem unter dem Deckmantel der Meritokratie herkunftsbedingte Unterschiede und unterstellt damit, dass die verschiedenen Bildungsverläufe aufgrund von Begabungsunterschieden zustande kommen (Bourdieu & Passeron, 1964/1971, u. a. S. 45, 82, 86). Soziale Privilegien werden damit in individuelles Verdienst umgedeutet (ebd., S. 45) und die unterschiedlichen Bildungsverläufe legitimiert. Die Illusion der Chancengleichheit basiert insgesamt also auf einer *Reproduktion* sozialer Unterschiede in der Gesellschaft durch das Bildungssystem und einer *Legitimation* dieser Praxis: „Erfolgreicher denn je ... kann das Bildungswesen seine Funktion der Perpetuierung [also Aufrechterhaltung (Anm. d. Verf.)] sozialer und kultureller Privilegien wahrnehmen, indem es die Ausübung dieser Funktion besser denn je zu verbergen versteht" (ebd., S. 190).

3 Die Familie als Reproduktionsinstanz bei Bourdieu

Dass allen Schüler*innen ein meritokratischer Zugang zu den höheren Bildungs-gängen garantiert ist, wurde im vorigen Kapitel widerlegt. Welche Einflussgrößen an dem Zustandekommen sozialer Disparitäten im Bildungssystem beteiligt sind, geht aus den Untersuchungen jedoch nicht hervor. Grundsätzlich lassen sich zwei umfassende Erklärungsversuche identifizieren, die danach unterschieden werden können, welche Aspekte der bildungsbezogenen Ungleichheiten sie fokussieren: Zum einen das familiäre Umfeld, das durch die primäre Sozialisation nachhaltig Einfluss auf die Entwicklung des Kindes nimmt und zum anderen die Schule selbst (Brake & Büchner, 2012, S. 83). In diesem dritten Kapitel liegt der Fokus auf der Familie als Reproduktionsinstanz. Pierre Bourdieu hat dazu ein „Modell soziokul-tureller Reproduktion von herkunftsabhängiger Bildungsungleichheit" (ebd., S. 84) entworfen, das auf drei zentralen Begriffen beruht: dem Habitus, dem Kapital und dem sozialen Raum. In diesem Kapitel werden diese Begriffe Bourdieus zunächst umfassend erläutert, um anschließend die Effekte der familiären Herkunft zu be-trachten, die zu den ungleichen Bildungschancen führen.

3.1 Grundbegriffe der Bourdieuschen Ungleichheitstheorien

Mit seiner Klassentheorie hat Pierre Bourdieu ein Modell sozialer Herkunft ent-worfen, das sowohl ökonomische und soziale als auch kulturelle Aspekte der Klas-senbildung berücksichtigt (Fröhlich & Rehbein, 2014, S. 141). In den folgenden Ausführungen werden die Mechanismen vorgestellt, die nach Bourdieu zur Repro-duktion und Aufrechterhaltung der Klassenverhältnisse beitragen.

3.1.1 Der Habitus

Der Habitus bildet das Kernstück der Bourdieuschen Soziologie (Fuchs-Heinritz & König, 2011, S. 112) und leistet einen entscheidenden Beitrag zur Erklärung der Reproduktion und Aufrechterhaltung gesellschaftlicher Verhältnisse (Koller, 2012, S. 150). Bourdieu definiert den Habitus als System verinnerlichter Wahrneh-mungs-, Denk- und Handlungsschemata (1980/1987, S. 112), die der Kategorisie-rung und Interpretation von Wahrnehmungen dienen, ästhetische Maßstäbe zur Bewertung kultureller Objekte und Praktiken setzen und das Handeln von Men-schen leiten (Fuchs-Heinritz & König, 2011, S. 113). Die Lebensweise einer Person, ihre Sprache, ihre Kleidung, ihre Körperhaltung sowie ihre sexuellen und kulinari-schen Vorlieben werden somit durch den Habitus bestimmt (Bourdieu, 1982/2005, S. 31f.). Diese Denk- und Handlungsdispositionen sind nicht angeboren, sondern werden durch Erfahrungs- und Lernvorgänge, insbesondere in der Kindheit, geprägt. Der Habitus ist damit „Produkt der Geschichte" (Bourdieu, 1980/1987, S. 101) bzw. „Präsenz der Geschichte, die ihn erzeugt hat" (ebd., S. 105). Bourdieu geht dabei davon aus, dass der Habitus als ein in der Sozialisation vorwiegend unbewusst erworbenes „Bündel von Dispositionen" (Fuchs-Heinritz & König, 2011, S. 116) relativ stabil ist und „inflexibel auf neue Situationen, die er handlungspraktisch zu bearbeiten nicht (ausreichend) in der Lage ist" (ebd., S. 121), reagiert. An anderer Stelle bezeichnet Bourdieu (1982/2005, S. 33) den Habitus als „System von Grenzen", die zwar die Wahrnehmungs-, Denk- und Handlungsmöglichkeiten von Individuen steuern, diese jedoch nicht gänzlich festlegen. Innerhalb dieser Grenzen sind also durchaus Veränderungen möglich: „Insofern ist der Habitus nicht starr, sondern veränderlich und bereit, auf veränderte gesellschaftliche Konstellationen ... und auf neue Bedingungen in der Laufbahn zu reagieren" (Fuchs-Heinritz & König, 2011, S. 131). Der Habitus gibt damit weniger spezifische Handlungen vor, sondern umfasst ein gewisses Spektrum verschiedener Handlungsweisen (Vester, 2013b, S. 141), das sich aus den jeweiligen individuellen Existenzbedingungen ergibt (Bourdieu, 1979/1987, S. 278; Bourdieu, 1980/1987, S. 111f.). Dabei ähneln sich die Existenzbedingungen von Individuen innerhalb einer Klasse:

> Als Klasse von identischen oder ähnlichen Existenzbedingungen und Konditionierungen ist die gesellschaftliche Klasse (an sich) untrennbar zugleich eine Klasse von biologischen Individuen mit demselben Habitus als einem System von Dispositionen, das alle miteinander gemein haben, die dieselben Konditionierungen durchgemacht haben. Zwar ist ausgeschlossen, daß alle Mitglieder derselben Klasse (oder auch nur zwei davon) dieselben Erfahrungen gemacht haben, und dazu noch in derselben Reihenfolge, doch ist gewiß, daß jedes Mitglied einer Klasse sehr viel größere Aussichten als ein Mitglied irgendeiner anderen Klasse hat, mit dem für seine Klassengenossen häufigsten Situation konfrontiert zu werden. (Bourdieu, 1980/1987, S. 111f.)

Der individuelle Habitus ist damit auch Ausdruck der jeweiligen Klasse und in diesem Zusammenhang ein „Klassenhabitus" (ebd., S. 112). Jeder Klasse sind entsprechend bestimmte Wahrnehmungs-, Denk- und Handlungsweisen zuzuordnen, die Individuen innerhalb einer Soziallage teilen, die aber gleichzeitig auf der Grundlage der Existenzbedingungen innerhalb dieser Klasse entstanden sind. Oder in Bourdieus Worten:

> Der Habitus ist nicht nur strukturierende, die Praxis wie deren Wahrnehmung organi-
> sierende Struktur, sondern auch strukturierte Struktur: das Prinzip der Teilung in lo-
> gische Klassen, das der Wahrnehmung der sozialen Welt zugrunde liegt, ist seinerseits
> Produkt der Verinnerlichung der Teilung in soziale Klassen. (Bourdieu, 1979/1987,
> S. 279)

Die strukturierende Wirkung des Habitus zeigt sich in den verschiedenen Wahr-
nehmungsformen und Lebensstilen, die es Individuen erlauben, sich innerhalb ihres Feldes „wie Fische im Wasser" (Bourdieu, 1983, S. 195) zu bewegen. Die Individuen selbst stellen auf der Grundlage von bereits erworbenen Deutungs- und In-
terpretationsmustern die Daseinsverhältnisse aktiv her. Durch den Habitus sind sie
damit in der Lage, soziale Praxis zu erzeugen und in ihr zu partizipieren (Bauer,
2011, S. 136f.). Neben der Vorstellung des Habitus als einer Instanz, die Ungleichheiten produziert, ist er zugleich aber auch Produkt gesellschaftlicher Unterschei-
dungs- und Teilungsprinzipien. Einstellungs-, Kompetenz- und Fähigkeitsunter-
schiede ergeben sich demnach durch die „Besonderheit der *sozialen Lebensläufe*"
(Bourdieu, 1980/1987, S. 113). Auf die sozialen Ungleichheiten in der Gesellschaft
wirkt der Habitus folglich reproduzierend: „Der Habitus ist ... nicht nur Ausdruck
und Resultat sozialer Ungleichheit, sondern reproduziert sie zugleich, in dem er als
das Ergebnis der Geschichte sozialer Gruppen die Wirksamkeit zugrunde liegender
Strukturen und Beziehungen bewahrt" (Rohlfs, 2011, S. 71). Insgesamt erklärt
Bourdieu mit dem Habitusbegriff zwei Prinzipien: Er macht zum einen verständlich, wie soziale Disparitäten durch Denk-, Wahrnehmungs- und Handlungsunter-
schiede zustande kommen („strukturierende Struktur") und verdeutlicht zum anderen, wie die soziale Herkunft die Handlungspraxis und Einstellungen beeinflusst
(„strukturierte Struktur").

3.1.2 Das Kapital

Bourdieu (1983, S. 183) bezeichnet Kapital als „akkumulierte Arbeit, entweder in
Form von Materie oder in verinnerlichter, ‚inkorporierter' Form". Die Aneignung
von Kapital als „sozialer Energie" (Bourdieu, 1979/1987, S. 194) erfordert Investitionen, insbesondere in Form von Zeit (Bourdieu, 1983, S. 183). Die Kapitalstruk-
turen weisen in der Folge eine außerordentliche Stabilität auf (ebd.), die sich unter
anderem dadurch ergibt, „dass ihre Reproduktion zumeist ... vor dem Hintergrund
von Dispositionen erfolgt, die selbst wiederum das Resultat wirksamer Kapital-
strukturen und aus diesem Grund von vornherein durch diese geprägt sind"
(Rohlfs, 2011, S. 74). Da Kapital durch das familiäre Umfeld übertragen oder auf
der Grundlage des bereits verinnerlichten Habitus erworben wird, sind Kapitalien

zwangsläufig ungleich verteilt (ebd.). Die Verteilungsstruktur des Kapitals ist dabei dafür verantwortlich, dass Individuen „nicht alles gleich möglich oder unmöglich ist" (Bourdieu, 1983, S. 183) und korreliert folglich auch „mit den der sozialen Welt inhärenten Strukturen und Zwängen" (Rohlfs, 2011, S. 74). Das jeweils verfügbare Kapital entscheidet dementsprechend über Erfolgschancen von Individuen im gesellschaftlichen Leben (Bourdieu, 1983, S. 183).

Bourdieu unterscheidet verschiedene Formen des Kapitals, verwendet die jeweiligen Bezeichnungen jedoch nicht immer einheitlich. Meist spricht er von dem ökonomischen, dem kulturellen und dem sozialen Kapital als den drei Grundformen, nennt aber auch zahlreiche weitere Kapitalsorten (z. B. symbolisches Kapital, wirtschaftliches Kapital, politisches Kapital, staatliches Kapital) (Rohlfs, 2011, S. 75). Im Folgenden werden zunächst die drei Grundformen des Kapitals näher beschrieben, um anschließend das symbolische Kapital in eigenständiger Verwendung zu erläutern.

Das *ökonomische Kapital* bezeichnet den materiellen Reichtum einer Person, der unmittelbar in Geld konvertierbar ist (Bourdieu, 1983, S. 185). Es liegt den anderen Kapitalarten zugrunde und wird von Bourdieu aus diesem Grund als besonders wichtig angesehen. Dennoch lassen sich die anderen Formen des Kapitals nicht unbedingt direkt auf das ökonomische Kapital zurückführen (Fuchs-Heinritz & König, 2011, S. 163).

Die zweite Kapitalform, das *kulturelle Kapital*, kann drei verschiedene Formen annehmen: Kulturkapital im inkorporierten, objektivierten und institutionalisierten Zustand (Bourdieu, 1983, S. 185; Bourdieu, 1966/2001, S. 113). Das Kulturkapital im *inkorporierten*, also verinnerlichten, Zustand bezeichnet „dauerhafte Dispositionen des Organismus" (Bourdieu, 1983, S. 185), die durch eine Ansammlung kultureller Fähigkeiten zustande kommen. Bourdieu (1966/2001, S. 113) setzt die Akkumulation von inkorporiertem Kulturkapital mit „Bildung" gleich, in die Zeit investiert werden muss, die jedoch nicht auf die Schulbildung reduziert werden darf: „Schule verfügt über eine bedeutsame Zertifizierungsmacht, über das Monopol der Produktion kulturellen Kapitals verfügt sie nicht" (Rohlfs, 2011, S. 80). Der Großteil der Akkumulation inkorporierten Kulturkapitals findet im familiären Umfeld statt (Bourdieu, 1979/1987, S. 143). Beispielhaft nennt Bourdieu (1983, S. 187) hier die Sprechweise einer Person, die „immer von den Umständen seiner ersten Aneignung geprägt" bleibt. Durch Verinnerlichungsprozesse ist diese „zu einem festen Bestandteil der ‚Person', zum Habitus geworden ...; aus ‚Haben' ist ‚Sein' geworden" (ebd.). Dabei erfolgt diese Inkorporierung des kulturellen Kapitals häufig ohne ausdrücklich geplante Erziehungsmaßnahmen, sondern völlig unbewusst (ebd.). Voraussetzung für eine schnelle und mühelose Aneignung dieses Kapitals ist jedoch ein starkes Kulturkapital in der Familie (ebd., S. 188; Bourdieu, 1966/2001, S. 116).

Das inkorporierte Kulturkapital ist auch bei der Erläuterung des *objektivierten* Kulturkapitals wesentlich. Dieses tritt „in Form von kulturellen Gütern, Bildern, Büchern, Lexika, Instrumenten oder Maschinen [auf], in denen bestimmte Theorien und deren Kritiken, Problematiken usw. Spuren hinterlassen oder sich verwirklicht haben" (Bourdieu, 1983, S. 185). Man besitzt diese Gegenstände also nicht einfach, sondern man macht sie „zum Gegenstand materieller Aneignung" (ebd., S. 188), was verinnerlichtes Kulturkapital voraussetzt (ebd., S. 188f). So ist beispielsweise inkorporiertes Kulturkapital notwendig, um ein Instrument spielen oder ein Gemälde wertschätzen zu können (Bourdieu, 1966/2001, S. 117). Das verinnerlichte Kulturkapital kann in Form von (schulischen) Titeln zum Ausdruck gebracht werden, die als Zeichen kultureller Kompetenz dienen. Zeugnisse dieser Art bezeichnet Bourdieu als *institutionalisiertes* Kulturkapital. Da einer Person durch einen Titel institutionelle Anerkennung verliehen wird und die Chancen auf dem Arbeitsmarkt steigen, ist dieser indirekt in ökonomisches Kapital übertragbar (Bourdieu, 1983, S, 189f.; Bourdieu, 1966/2001, S. 118f.).

Mit der dritten Kapitalart, dem *sozialen Kapital*, meint Bourdieu (1983, S. 190f.) „Ressourcen, die auf der *Zugehörigkeit zu einer Gruppe* beruhen". Ein soziales Netzwerk erfordert zwar zum einen Investitionen, beispielsweise in Form von Zeit oder ökonomischem Kapital, kann auf der anderen Seite aber auch einen großen Nutzen bedeuten. So kann die Person bestimmte „Gefälligkeiten" in Anspruch nehmen, erhält Anerkennung durch die Mitgliedschaft in einer bestimmten Gruppe und ist „kreditwürdig". Durch die ständige Beziehungsarbeit wird das Sozialkapital reproduziert und die gegenseitige Wertschätzung immer wieder neu bestätigt. Grundlage der Sozialbeziehungen sind also materielle und/oder symbolische Tauschbeziehungen (ebd.).

Wertschätzung und Anerkennung lassen sich auch dem *symbolischen Kapital* zuordnen, das aus den Chancen besteht, soziales Prestige zu erhalten (Fuchs-Heinritz & König, 2011, S. 171). Bourdieu zufolge bezeichnet das symbolische Kapital die „wahrgenommene und als legitim anerkannte Form der drei vorgenannten Kapitalien (gemeinhin als Prestige, Renommee usw. bezeichnet)" (Bourdieu, 1982/1985, S. 11). So kann beispielsweise kulturelles Kapital durch Bildungszertifikate und ökonomisches Kapital durch „Sponsoring" in symbolisches Kapital umgewandelt werden (Rohlfs, 2011, S. 83). Es ist aber keine „besondere Art Kapital, sondern das, was aus jeder Art von Kapital wird, das als Kapital, das heißt als (aktuelle oder potenzielle) Kraft, Macht oder Fähigkeit zur Ausbeutung verkannt, also als legitim anerkannt wird" (Bourdieu, 1997/2001, S. 311). Die Legitimation der symbolischen Macht geschieht nach Bourdieu und Passeron (1972/1973) in Form von „symbolischer Gewalt", die als „Durchsetzung von Bedeutungen und ihrer Legitimität bei gleichzeitiger Verschleierung der Kräfteverhältnisse, die der Gewalt zugrunde liegen" (Fröhlich & Rehbein, 2014, S. 230) definiert werden kann.

3.1.3 Der soziale Raum

Bourdieu hat ein Modell entworfen, das die sozialen Positionen der Mitglieder einer Gesellschaft sowie ihre Handlungs- und Denkmuster (Lebensstile) erfasst. Dem Autor zufolge

> läßt sich die soziale Welt in Form eines – mehrdimensionalen – Raums darstellen, dem bestimmte ... Verteilungsprinzipien zugrundeliegen; und zwar die Gesamtheit der Eigenschaften (bzw. Merkmale), die innerhalb eines fraglichen sozialen Universums wirksam sind, das heißt darin ihrem Träger Stärke bzw. Macht verleihen. Die Akteure oder Gruppen von Akteuren sind anhand ihrer relativen Stellung innerhalb dieses Raums definiert. (Bourdieu, 1982/1985, S. 9)

Der Raum der sozialen Positionen wird mithilfe der bereits genannten Kapitalarten konstruiert. Die Mitglieder einer Gesellschaft verteilen sich in diesem Raum je nach Gesamtumfang an Kapital (Kapitalvolumen), über das sie verfügen, und nach Zusammensetzung des Kapitals (Kapitalstruktur). Die Kapitalstruktur bezeichnet das Verhältnis des ökonomischen und kulturellen Kapitals zueinander (ebd., S. 11). So verfügt beispielsweise eine Lehrkraft über ein höheres kulturelles Kapital als ein professioneller Fußballspieler ohne Schulabschluss, besitzt zugleich aber weniger ökonomisches Kapital. Graphisch kann dieser Raum der sozialen Positionen mithilfe eines Koordinatensystems veranschaulicht werden (ebd.), bei dem das Kapitalvolumen die vertikale Achse einnimmt, während die Kapitalstruktur auf der horizontalen Achse abgebildet wird (Abbildung 1).

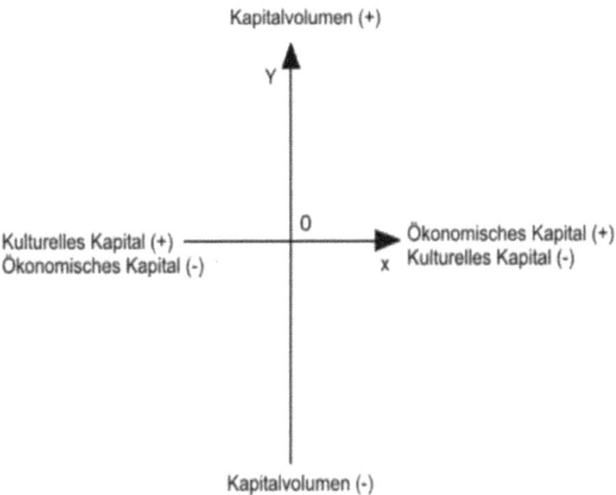

Abbildung 1: Der Raum der sozialen Positionen
(Schwingel, 2000, S. 106)

Bourdieu geht weiterhin davon aus, dass die Position von Individuen oder Gruppen von Individuen im Raum der sozialen Positionen Aussagen über deren Lebensweise und ihren Geschmack zulässt (Koller, 2012, S. 149).

In seinem Werk „Die feinen Unterschiede" (1979/1987) verknüpft Bourdieu die objektive Struktur der Klassen mit der Struktur der Lebensstile als *„repräsentierte soziale Welt"* (ebd., S. 278). Lebensstile sind gekennzeichnet durch Wertvorstellungen, Geschmäcker, ästhetische Präferenzen sowie den Konsum und die Lebensführung betreffende Vorlieben (Fuchs-Heinritz & König, 2011, S. 184) und fungieren „als distinktive Zeichen, die die relative Distanz bzw. Nähe zu anderen im sozialen Raum befindlichen Formen der Lebensführung dokumentieren" (Bauer, 2011, S. 122). Der Habitus ist dabei „Erzeugungsprinzip" (Bourdieu, 1979/1987, S. 277) der Unterschiede in der Lebensführung:

> Der Habitus bewirkt, daß die Gesamtheit der Praxisformen eines Akteurs (oder einer Gruppe von aus ähnlichen Soziallagen hervorgegangen Akteuren) als Produkt der Anwendung identischer (oder wechselseitig austauschbarer) Schemata zugleich systematischen Charakter tragen und systematisch unterschieden sind von den konstitutiven Praxisformen eines anderen Lebensstils. (ebd., S. 278)

Die Lebensstile sind also „systematische Produkte des Habitus" (ebd., S. 281) und somit „eine Folge von *Sozialisation* bzw. ,sozialer Vererbung'" (Koller, 2012, S. 149). In Bourdieus Modell wird der Raum der sozialen Positionen (Abbildung 1) um den

Raum der Lebensstile erweitert, indem die Lebensstile „wie eine Folie" auf den Raum der sozialen Positionen gelegt werden (Bourdieu, 1979/1987, S. 211). Die folgende Illustration ist eine vereinfachte Darstellung eines Ausschnitts von Bourdieus Modell, die keinen Anspruch auf Vollständigkeit hat, sondern einen Teil der von Bourdieu unterschiedenen Lebensstile an den von ihm gewählten Positionen im sozialen Raum erfasst (Abbildung 2).

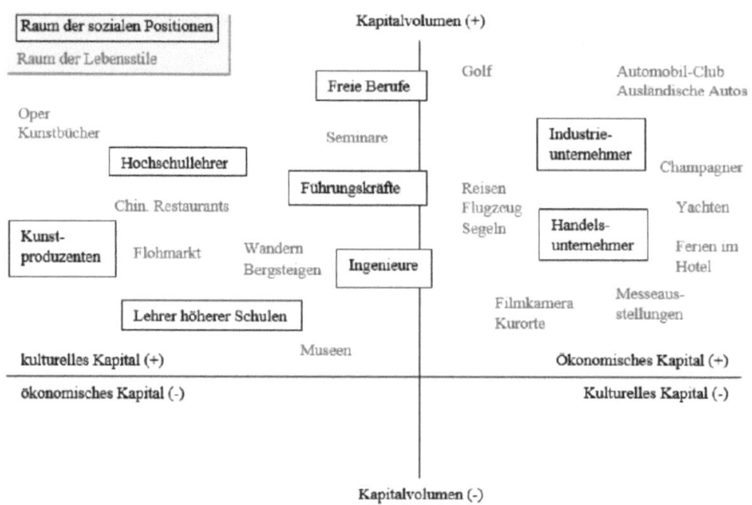

Abbildung 2: Der soziale Raum
(eigene Darstellung nach Bourdieu (1979/1987, S. 212f.))

Bourdieu (ebd., S. 277) betont, dass es sich bei diesem Modell um eine „abstrakte Darstellung, ein Konstrukt" (ebd.) handelt, das Aufschluss darüber gibt, in welchem „System von Grenzen" (Bourdieu, 1982/2005, S. 33) sich Mitglieder einer Klasse bewegen, das jedoch keine Rückschlüsse auf spezifische individuelle Handlungen zulässt. Es darf also nicht das Missverständnis entstehen, dass aus der sozialen Stellung die Lebensstile der Individuen kausal abgeleitet werden können (Vester, 2013b, S. 144). Dennoch lassen sich drei Hauptklassen (herrschende, Mittel- und untere Klasse) ausmachen, denen Bourdieu typische bzw. klassenspezifische Ausdrucks-, Denk- und Handlungsformen zuordnet:

Die herrschende Klasse, die sich ihrerseits in zwei Untergruppen unterteilen lässt, kennzeichnet ein hohes Selbstbewusstsein:

> Es [„das umfassende und unmerklich vor sich gehende, bereits in frühester Kindheit im Schoß der Familie einsetzende Lernen" (Bourdieu, 1979/1987, S. 121f.; Anm. d. Verf.)] verleiht mit der Gewißheit, im Besitz der kulturellen Legitimität zu sein, Selbstsicherheit und jene Ungezwungenheit, an der man die herausragende Persönlichkeit zu erkennen meint. (ebd., S. 121)

Dabei unterscheiden sich die Mitglieder der Gesellschaft mit einem hohen ökonomischen Kapital von denen mit einem hohen Kulturkapital durch ihre Lebensstile. Erstgenannte bevorzugen beispielsweise Messeausstellungen, Golf und Fernreisen, während die andere Gruppe gerne Museen besucht, klassische Musik hört oder Bergsteigen geht (ebd., S. 442; s. auch Abbildung 2). Die Mittelklasse ist charakterisiert durch „Bildungseifer" (ebd., S. 503), versucht jedoch vergeblich, „sich in eine Kultur [die Kultur der herrschenden Klasse (Anm. d. Verf.)] zu integrieren, die ihr im Wesentlichen fremd gegenübersteht" (ebd., S. 504). Auch bei dieser Klasse differenziert Bourdieu verschiedene Untergruppen: Im Gegensatz zum absteigenden Kleinbürgertum, das eine saubere und praktische Wohnungseinrichtung bevorzugt (ebd., S. 541), versucht das neue, also aufsteigende, Kleinbürgertum durch „kleine Tricks" seine Behausung „kunstreich zu multiplizieren" (ebd., S. 503). Die dritte bzw. untere Klasse orientiert sich am Praktischen und reduziert Verhalten und Objekte auf ihre technische Funktion (ebd., S. 594). Sie ist gekennzeichnet durch die *„Entscheidung für das Notwendige"* (ebd.), was beispielsweise an der pflegeleichten Wohnungseinrichtung und der preisgünstigen Kleidung erkennbar ist (ebd., S. 591f.).

Mit seinem Konzept des sozialen Raums vollzieht Bourdieu einen Bruch mit den klassischen Klassen- und Schichtmodellen, die von einer vertikal ausgerichteten Einteilung der Gesellschaft ausgehen (Vester, 2013b, S. 138). Durch die Einführung einer horizontalen Dimension gelingt es ihm, die Ausdifferenzierung der Individuen innerhalb einer Klasse zu erfassen und der Pluralisierung der Lebensstile gerecht zu werden (Lange-Vester & Vester, 2018, S. 168). Er konzipiert die Gesellschaft anhand des Konzepts als „ein dynamisches mehrdimensionales Kräftefeld, das nicht nur vertikal, sondern auch horizontal geöffnet ist" (Bremer & Lange-Vester, 2014, S. 61).

Vester, von Oertzen, Geiling, Hermann und Müller (2001) knüpften an dieses Verständnis der Gesellschaft als mehrdimensionalem Raum an und entwickelten auf der Grundlage der Überlegungen Bourdieus eine „neue ‚Landkarte' sozialer Milieus" (Lange-Vester & Vester, 2018, S. 170). Milieus gelten als „Nachfahren" der früheren Stände, Klassen und Schichten (Vester et al., 2001, S. 168) und sind zweifach bestimmt: „,Objektiv' durch eine (berufliche) Position in der Gesellschaft, ,subjektiv' durch einen darauf abgestimmten ,moralischen Habitus'" (Bremer, 2012, S. 834). Die „Landkarte" zeigt die Gliederung des Milieugefüges in der Gesellschaft, indem die drei vertikalen Schichtungsstufen auf horizontaler Ebene ausdifferenziert werden. Jeder vertikalen Stufe lassen sich nun Milieus zuordnen, die sich in ihrem Habitus voneinander unterscheiden (Lange-Vester & Vester, 2018, S. 171). Vester et al. (2001, S. 324) gehen dabei davon aus, dass sich die Abgrenzungen auf horizontaler Ebene vor allem durch die mehr oder weniger starke Betonung von Eigenständigkeit gegenüber äußeren Vorgaben bzw. die Einstellung zur Autorität ergeben. Auf dieser Ebene finden im Vergleich der Eltern- und Kindergeneration durchaus Veränderungen statt. Während das „Distinktionsverhalten" (ebd.) in der vertikalen Dimension relativ stabil ist, lassen sich auf der horizontalen Ebene „sowohl persistierende als auch veränderte Muster von Werten, Einstellungen und Verhaltensweisen" (ebd.) beobachten. Die Milieugliederung darf damit jedoch nicht als Gegensatz zur früheren stabilen Sozialstrukturgliederung gesehen werden, sondern als ein Fortbestehen im Sinne einer „pluralisierten Klassengesellschaft" (Bremer, 2012, S. 835).

3.2 Der Einfluss der sozialen Herkunft auf den Bildungserfolg

Pierre Bourdieu und Jean-Claude Passeron (1964/1971) gehen davon aus, dass eine erfolgreiche Bewältigung der Anforderungen im Bildungssystem im Wesentlichen von dem Habitus der Lernenden, ihrem Kapital und ihrer Stellung im sozialen Raum abhängt. In diesem Teilkapitel steht der Einfluss des Herkunftsmilieus auf den Bildungserfolg von Schüler*innen im Mittelpunkt. Dabei wird zwischen den direkten und indirekten Auswirkungen der familiären Herkunft auf die Schulleistungen (3.2.1) und dem herkunftsbedingt unterschiedlichen Entscheidungsverhalten der Eltern an Bildungsübergängen (3.2.2) unterschieden.

3.2.1 Auswirkungen der familiären Herkunft auf die Schulleistungen

Die soziale Herkunft bestimmt die Bildungschancen von Schüler*innen, sie nimmt einen größeren Einfluss auf die Selektion als beispielsweise der religiöse Hintergrund oder das Geschlecht (Bourdieu & Passeron, 1964/1971, S. 28). Damit ist nicht nur die Begabung entscheidend für den Schulerfolg, sondern insbesondere das Vorhandensein ausreichender ökonomischer, sozialer und kultureller Kapitalien in der Herkunftsfamilie (Vogel, 2019, S. 41). Ein hohes ökonomisches Kapital ermöglicht es Familien beispielsweise, die Rahmenbedingungen zu schaffen, die für die Bildungsbiografien förderlich sind. Dazu gehören etwa ein eigenes Kinderzimmer, Nachhilfeunterricht oder Materialien zur Vorbereitung auf Schulaufgaben (Brake & Büchner, 2012, S. 58). Bourdieu und Passeron zufolge genügt Geld jedoch nicht, „um in einem unvertrauten Feld institutioneller Bildung heimisch zu werden" (Bremer & Lange-Vester, 2015, S. 73). Weitaus wichtiger ist das kulturelle Erbe, das gerade in den „kultiviertesten" Klassen mithilfe von indirekten „diffusen Reizen" (Bourdieu & Passeron, 1964/1971, S. 38) vermittelt wird, und „die am besten verborgene und sozial wirksamste Erziehungsinvestition" (Brake & Büchner, 2012, S. 107) für den Schulerfolg darstellt. So kennzeichnet die gehobenen Klassen ein hoher Grad an Selbstsicherheit sowie kulturelle Aktivitäten, die eine bedeutende Nähe zu schulischen Praktiken aufweisen (Bourdieu & Passeron, 1964/1971, S. 35). Ihr kulturelles Privileg nachzuweisen, „wo es um die Vertrautheit mit Kunstwerken geht, die nur durch regelmäßigen Theater-, Museums- oder Konzertbesuch entstehen kann" (ebd.) und die eine implizite Bedingung für den Schulerfolg darstellt. Dabei kann das soziale Kapital „einen Multiplikatoreffekt auf das tatsächlich verfügbare Kapital" (Bourdieu, 1983, S. 191) ausüben, indem sich beispielsweise durch einen qualitativ hochwertigen Austausch kulturelle Profite ergeben (ebd.).

Das verfügbare Kapital und der Habitus in den Familien bestimmen die Bildungshaltungen und die schulischen Kompetenzen der Kinder. Während der Oberschicht der Mythos der „Leichtigkeit beim Erwerb der Schulbildung" (Bourdieu & Passeron, 1964/1971, S. 40) anhaftet, ist die Mittelschicht nach Bourdieu und Passeron (ebd., S. 41) durch einen starken schulischen Einsatz charakterisiert, der sich in „Bildungswilligkeit" (ebd.), „Lernwilligkeit" (ebd., S. 40), „Bildungsbeflissenheit" (Bourdieu, 1966/2001, S. 45) und in einer „Unterwerfung unter die schulischen Urteile" (Bourdieu, 1989/2004, S. 38) zeigt. Den unterprivilegierten Milieus geht es dagegen „um Mithalten und das Vermeiden von Ausgrenzung, wobei Bildung oft als Bürde und Notwendigkeit erscheint" (Bremer, 2012, S. 836).

Die von Bourdieu vorgenommene Zuweisung von Bildungseinstellungen und Verhaltensweisen zu bestimmten Herkunftsgruppen wird von Lange-Vester und Teiwes-Kügler (2014) auf der Grundlage der „Landkarte" sozialer Milieus (Vester et al., 2001; Kapitel 3.1.3) repliziert. Anhand von Diskussionsrunden und Einzelinterviews mit Schüler*innen unterschiedlicher Herkunftsmilieus stellen sie exemplarisch milieutypische Bildungsstrategien und Lernzugänge heraus: Bei Schüler*innen aus den oberen gesellschaftlichen Milieus sind Bildung und Kultur fester Bestandteil des Alltagslebens (Lange-Vester & Teiwes-Kügler, 2014, S. 195). Sie verfügen über individuelle Lernstrategien, die an die Anforderungen der Schule angepasst sind, sodass schulisches Lernen nicht mit einer besonderen Anstrengung verbunden ist. Die Schule erleben sie weitestgehend positiv. Es sind kaum Selbstzweifel vorhanden und gegenüber leistungsschwächeren Schüler*innen ist oft eine Abgrenzung zu beobachten (ebd.). Schüler*innen aus den mittleren Herkunftsmilieus zeichnen sich zwar durch ein Streben nach Anerkennung und eine hohe Lernwilligkeit aus, sie kommen jedoch schlechter mit den schulischen Anforderungen zurecht. Im Gegensatz zu den Lernenden der oberen Milieus sind sie mehr auf Vorgaben und Hilfen angewiesen (ebd., S. 197). Für die Schüler*innen der unteren Milieus ist schulisches Lernen weitestgehend negativ besetzt. Sie haben überwiegend keine adäquaten Lernstrategien zu Verfügung (ebd., S. 198). Wird ihnen keine auf den Habitus abgestimmte Begleitung angeboten, wenden sie sich vom Unterrichtsgeschehen ab, was häufig als Desinteresse verkannt wird (ebd., S. 199f.).

Neben den Bildungshaltungen betonen Bourdieu und Passeron (1964/1971, S. 98) das sprachliche Erbe, das „von allen Distanzierungstechniken ... zweifellos die wirksamste und subtilste" darstellt. Die Schule prämiert eine spezifische Form der Verbalisierungsstrategie, die sich durch komplexe Satzstrukturen, eine häufige Verwendung von Präpositionen, Adjektiven und Adverbien sowie einen großen Wortschatz auszeichnet. Mit dieser Bildungssprache stimmt jedoch nur die Ausdrucksweise der gehobenen Klassen überein, während die einfache Satzstruktur und der häufige Gebrauch nonverbaler Mittel zum Ausdruck von Gefühlen in den unteren Klassen von der Institution abgelehnt oder abgewertet wird (Bauer, 2011, S. 153; Brake & Büchner, 2012, S. 94). Für Lernende aus den unteren Milieus ist das schulische Lernen damit häufig mit einem „Nicht-Verstehen" einerseits und einem „Nicht-Verstanden-Werden" andererseits verbunden: „Sie können die in dieser Vermittlungspraxis enthaltenen Codes nicht dechiffrieren und umgekehrt werden ihre schulischen Praktiken und Kommunikationsmuster tendenziell als unpassend oder ,falsch' zurückgespiegelt" (Bremer & Lange-Vester, 2015, S. 79). Die Diskrepanz zwischen der Alltags- und Schulkultur bestimmt dann das Maß der Überbrückungsarbeit, die Lernende erbringen müssen, um den Anforderungen der Schule gerecht zu werden (ebd., S. 75). Für Kinder aus den unteren sozialen Milieus bedeutet Schulbildung folglich „immer zugleich Akkulturation" (Bourdieu & Passeron, 1964/1971, S. 40).

Die Weitergabe des kulturellen Kapitals geschieht also vor allem in den privilegierteren Milieus diskret und mühelos in Form von Allgemeinbildung, die in der Schule auf hohe Wertschätzung stößt (Bourdieu & Passeron, 1964/1971, S. 37). Für die

Angehörigen der weniger privilegierten Klassen ist dagegen die Schulbildung der einzige Zugang zur Kultur (ebd., S. 39), sodass die schulische Bildung „nur denen wirklich zugänglich ist, welche die implizit vorausgesetzte Bildung bereits besitzen" (ebd., S. 126). Entscheidend für den Schulerfolg ist „die mehr oder minder große Affinität zwischen den kulturellen Gewohnheiten einer Klasse und den Anforderungen des Bildungswesens oder dessen Erfolgskriterien" (ebd., S. 40). Bourdieu (1972/1973, S. 58) hat in diesem Zusammenhang eine Theorie der „kulturellen Passung" zwischen dem im familiären Umfeld erworbenen primären Habitus und dem von der Schule geforderten sekundären Habitus entwickelt, die aktuell von Kramer und Helsper (u. a. Helsper, Kramer, Thiersch & Ziems, 2010; Kramer & Helsper, 2010; Kramer, 2013, 2014) aufgegriffen wird (s. auch Kapitel 4.1). Die symbolischen Ordnungen an den Schulen, die als sekundärer Habitus rekonstruiert werden können, gewährleisten die Auswahl von „passenden" Schüler*innen (Lange-Vester & Vester, 2018, S. 180).

3.2.2 Auswirkungen der familiären Herkunft auf Übergangsentscheidungen

Wenn Pierre Bourdieu von „symbolischer Gewalt" und der Reproduktion sozialer Ungleichheiten im Bildungssystem spricht, so meint er einerseits die distinktiven Strategien der oberen Klassen, die den „legitimen" Bildungsbegriff definieren und gegen einen allgemeinen Zugang verteidigen. Andererseits werden die Machtkonstellationen aber auch durch die „Beherrschten" aufrechterhalten: Die symbolische Gewalt ist eine „Form der Gewalt, die über einen sozialen Akteur unter Mittäterschaft dieses Akteurs ausgeübt wird" (Bourdieu & Wacquant, 1992/1996, S. 204). Im Bildungssystem äußert sich dies explizit durch eine „Selbsteliminierung" von Angehörigen der unteren Klassen. Die Individuen schließen sich selbst aus den höheren Bildungsgängen aus, indem sie sich – meist an Schulübergängen – für weniger anspruchsvolle Bildungswege entscheiden (Bourdieu & Passeron, 1964/1971, S. 174ff.).

In Untersuchungen zu dem „Selbstausschluss" der unteren Milieus an Bildungsübergängen werden meist die Theorien von Raymond Boudon zu primären und sekundären Herkunftseffekten herangezogen (u. a. Dumont, Maaz, Neumann & Becker, 2014; Maaz & Nagy, 2010; Müller-Benedict, 2007; Neugebauer, 2010). Unter primären Herkunftseffekten fasst Boudon (1974, S. 29) alle Effekte der sozialen Herkunft zusammen, die sich auf die Schulleistungen der Schüler*innen auswirken. Wichtiger als die primären Herkunftseffekte erachtet der Autor (ebd., S. 28) jedoch die sekundären Herkunftseffekte, die sich auf Unterschiede im Entscheidungsverhalten an Bildungsübergängen beziehen. Boudon sieht Bildungsentscheidungen als das Resultat einer rationalen Kosten-Nutzen-Abwägung, die insbesondere auf der Auseinandersetzung mit drei Komponenten beruht: „Der ‚Bildungskosten‘, der erzielbaren ‚Bildungsrenditen‘ (d.h. erwarteter Berufs- und Einkommenschancen und sozialer Aufstiege oder Statussicherungen durch Vermeidung eines Abstiegs) und der ‚Erfolgswahrscheinlichkeit‘ (d.h. ob der entsprechende Bildungsgang auch erfolgreich bewältigt werden kann)" (Vester, 2006, S. 16). Dabei wird davon ausgegangen, dass sich Familien der oberen Klassen eher für gehobene Bildungsgänge entscheiden, weil sie erstens finanziell in der Lage sind, ihren Kindern einen verzögerten Eintritt in das Arbeitsleben zu gewährleisten, zweitens, um einen Statusverlust zu vermeiden und drittens, weil sie sich zutrauen, ihre Kinder in anspruchsvolleren Bildungsgängen angemessen zu unterstützen. Die Wahl einer höheren Schulform kann für Schüler*innen der unteren Klassen zudem mit „Entfremdungsprozessen" (Brake & Büchner, 2012, S. 99; Kock, 2015, S. 62) verbunden sein, wenn sich ihnen „durch höhere Bildung soziale und kulturelle Welten erschließen, die nicht anschlussfähig an das Herkunftsmilieu sind" (Brake & Büchner, 2012, S. 99). Auch dieser Aspekt kann Einfluss auf die Übergangsentscheidung nehmen.

Die hohe Bedeutung von Übergangsentscheidungen für die Chancenungleichheit im Bildungssystem wurde in verschiedenen Untersuchungen empirisch belegt. So untersuchten Maaz und Nagy (2010) den Einfluss primärer und sekundärer Herkunftseffekte mithilfe von Daten der ÜBERGANG-Studie, indem sie die Herkunftseffekte auf der Grundlage pfadanalytischer Verfahren spezifizierten. Beim Übergang beträgt dieser Studie zufolge der absolute Herkunftseffekt 51%. Der Anteil primärer Herkunftseffekte fällt dabei mit 41% geringer aus als der Anteil sekundärer Effekte (59%). Diese Befunde wurden von Neugebauer (2010) bestätigt. Eine Simulation der konkreten Auswirkungen von Eingriffen in diese Effekte auf den Schulerfolg ergab sogar, dass ein Neutralisieren des sekundären Herkunftseffekts eine mehr als doppelt so große Steigerung des Schulerfolgs bewirken würde wie ein Ausschalten des primären Effekts (24,3% vs. 11,3%) (Müller-Benedict, 2007, S. 628).

Kramer (2011, S. 119) sieht in dieser Gewichtung primärer und sekundärer Herkunftseffekte unter Rückbezug auf Bourdieu jedoch einen „folgenreichen Kategorienfehler". Er konstatiert, dass sich die primären Herkunftseffekte im Grunde durch Unterschiede in der primären Sozialisation ergeben, die wiederum von der sozialen Herkunft abhängt. Die erworbenen Befähigungen als Ergebnis der Sozialisation sind aus der Perspektive Bourdieus Ausdruck des Habitus, der jedoch in den theoretisch-konzeptionellen Annahmen Boudons fehlt. Dabei hat der Habitus nicht nur Auswirkungen auf die Schulleistungen, sondern beeinflusst in einem erheblichen Maße auch die Bildungsentscheidungen:

> Auch die sekundären Effekte der sozialen Herkunft auf Bildungsteilhabe und -erfolg ließen sich dem Habitus (hier dem Habitus der Eltern) zurechnen, weil die Bildungsentscheidungen – abhängig von ökonomischen Ressourcen und der Schichtzugehörigkeit – wiederum auf die materialen Zwänge und Deutungsspielräume der Existenzbedingungen verweisen. Wie im vorhergehenden Kapitel zu Bourdieu ausgeführt, sind somit bewusste, intentionale Entscheidungen Ausdruck und Ergebnis grundlegender, impliziter Haltungen, die organisiert über die Schemata des Habitus die Wahrnehmung, Deutung und entsprechende Handlungsvollzüge überhaupt erst anlegen (oder eben nicht!). (ebd.)

Kramer (ebd.) betont dabei, dass der Annahme eines schicht- und herkunftsspezifischen Entscheidungsverhaltens mit dem Hinweis auf Bourdieus Habitus keineswegs widersprochen wird. Aus der Bourdieuschen Perspektive ist aber entscheidend, dass die primären und die sekundären Effekte Ausdrucksformen desselben Hervorbringungsprinzips – des Habitus in den Familien – sind. Die vorgestellten Studien beanspruchen also prinzipiell weiterhin Gültigkeit. Es darf nach Bourdieu jedoch nicht davon ausgegangen werden, dass die ungleichen Übergangsentscheidungen das Resultat eines rationalen Abwägungsprozesses darstellen, „sondern von einer vorbewussten, nicht vollständig zugänglichen Vernünftigkeit der Handlungspläne der beteiligten Akteure begleitet sind, die sich wiederum aus dem Habitus der Familie, der jeweiligen Position im sozialen Raum sowie der Familienbiographie ergibt" (Kock, 2015, S. 61). Bourdieu spricht in diesem Zusammenhang von einem „*Anlage-Sinn*" (Bourdieu, 1979/1987, S. 151), einem „unmerklichen Erwerb eines Gespürs für das richtige Anlegen kultureller Investitionen" (ebd.). Die subjektive Erwartung, die Individuen dazu veranlasst, sich selbst auszuschließen, ist dabei an einer Einschätzung der objektiven Erfolgschancen der Herkunftsklasse orientiert:

> Die Berechnung der objektiven Wahrscheinlichkeit zum Besuch des einen oder anderen Schultyps, die einer Klasse eignet, … ermöglicht … eine theoretische Konstruktion, die eines der stringentesten Erklärungsprinzipien für diese Ungleichheit liefert: Die subjektive Erwartung, die den einzelnen veranlaßt, sich selbst auszuschließen, orientiert sich an einer Schätzung der objektiven Erfolgschancen seiner Klasse, wobei gerade dieser Mechanismus zur Verwirklichung der objektiven Wahrscheinlichkeit beiträgt. (Bourdieu & Passeron, 1964/1971, S. 178f.)

Nach Bourdieu und Passeron (ebd., S. 179) tritt damit eine *„Self-fulfilling prophecy"* in Kraft, da die Übergangsentscheidung als Resultat der subjektiven Erfolgserwartung, die sich aus Verinnerlichung der objektiven Bedingungen ergibt, wiederum die objektiven Bedingungen reproduziert. Wenn im Folgenden von „sekundären Herkunftseffekten" gesprochen wird, dann impliziert das neben möglichen Kosten-Nutzen-Abwägungen ebenso den verinnerlichten „Anlage-Sinn", der Individuen dazu veranlasst, sich für einen bestimmten Bildungsgang zu entscheiden.

4 Ungleichheitsverstärkende Effekte im deutschen Schulsystem

Nachdem die Familie als Reproduktionsinstanz sozialer Ungleichheiten näher in den Blick genommen wurde, liegt der Fokus in diesem Kapitel auf den ungleichheitsverstärkenden Effekten des Schulwesens. Grundsätzlich kann soziale Ungleichheit innerhalb von Schulen (also in der Grundschule oder innerhalb der jeweiligen Schulen in der Sekundarstufe), am Übergang von der Grundschule in die Sekundarstufe und zwischen den verschiedenen Schulen bzw. Schulformen entstehen (Maaz et al., 2010). Das Kapitel gibt zunächst Aufschluss darüber, an welchen Stellen im Bildungsverlauf die Chancenungleichheit kompensiert oder verstärkt wird. Abschließend wird der Frage nachgegangen, inwiefern eine oft propagierte Offenheit der Bildungswege (Bellenberg & Forell, 2014, S. 8) besteht und ob die Durchlässigkeit des Bildungssystems eher ungleichheitsmindernd oder –verstärkend wirkt.

4.1 Soziale Ungleichheit innerhalb von Schulen

Es wurde bereits herausgestellt, dass Schüler*innen mit grundsätzlich verschiedenen Ausgangsbedingungen in ihre Schullaufbahn eintreten. Um zu überprüfen, inwiefern innerhalb von Schulen diese Unterschiede perpetuiert, kompensiert oder sogar verschärft werden, bieten sich Längsschnittstudien an, die die Leistungsentwicklung von Kindern und Jugendlichen zwischen unterschiedlichen Klassenstufen untersuchen. Für die Grundschule ergibt sich ein relativ einheitliches Bild. Zwar konnten in einer Studie von Ditton und Krüsken (2009) weitestgehend gleichförmige Leistungszuwächse bei Kindern aus Familien mit einem unterschiedlichen Bildungshintergrund[6] beobachtet werden, die Mehrheit der Studien verzeichnet jedoch eine leichte Öffnung der Leistungsschere (Baumert, Nagy & Lehmann, 2012; Schneider & Pfost, 2013; Zöller & Roos, 2009). Für die Sekundarstufe I existieren etwas stärker divergierende Befunde, wobei der Großteil der Untersuchungen innerhalb von Gymnasien, Real- und Hauptschulen annähernd parallele Kompetenzzuwächse bei Schüler*innen unterschiedlicher sozialer Herkunft zeigt (Bos & Gröhlich, 2010; Ehmke, Hohensee, Siegle & Prenzel, 2006; Rolff, Leucht & Rösner, 2008; Vieluf, Ivanov & Nikolova, 2011). Bos, Bonsen und Gröhlich (2009) sowie

---

[6] bildungsnah: mindestens ein Elternteil mit Gymnasialabschluss; bildungsfern: höchstens Hauptschulabschluss der Eltern

Caro und Lehmann (2009) konnten sogar eine Annäherung der Schulleistungen von Schüler*innen innerhalb von Schulen beobachten.

In der Grundschulzeit verstärkt sich die soziale Ungleichheit also tendenziell eher und bleibt in der Sekundarstufe I innerhalb der Schulen relativ stabil oder verringert sich sogar. Aus den Untersuchungen geht jedoch nicht hervor, welche Rolle die familiäre Herkunft und welche das Bildungssystem selbst spielt. Die wohl populärsten Untersuchungen, die diese Unterscheidung vornehmen, sind die sogenannten „Sommerloch-Studien" bzw. „Summersetback-Studien", in denen die Entwicklung von Schüler*innen unterschiedlicher sozialer Herkunft während der Schulzeit und in den Ferien vergleichend gegenüber gestellt wird (Neumann, Becker & Maaz, 2014, S. 14). Die Befunde für die US-amerikanische Situation, die überwiegend für die Grundschulzeit vorliegen, sind relativ einheitlich: Während die Leistungsentwicklung während der Ferien zugunsten der Kinder mit einem hohen sozioökonomischen Status divergiert, verläuft sie im Laufe des Schuljahres weitestgehend gleichförmig (Alexander & Entwisle, 1996; Alexander, Entwisle & Olson, 2001; Heyns, 1987). Die Ergebnisse werden als Hinweis auf eine disparitätsmindernde Rolle der Schule interpretiert:

> The near parity of school-year learning across social lines establishes that schools play an important compensatory role, carrying along disadvantaged children at a pace close to that of their more advantaged classmates. Schools do matter, and they matter the most when support for academic learning outside school is weak. (Alexander et al., 2001, S. 183)

Für Deutschland liegen allerdings kaum Studien dieser Art vor, die diese kompensatorische Wirkung für das deutsche Schulsystem bestätigen. Immerhin stehen Befunde der Untersuchung von Becker, Stanat, Baumert und Lehmann (2008) im Einklang mit den amerikanischen Studien.

Selbst wenn der Schule im Vergleich zum Herkunftsmilieu eine eher disparitätsreduzierende Wirkung zukommen sollte, schließt das nicht aus, dass das Schulsystem zur ungleichen Chancenverteilung beiträgt. Folgt man den Ausführungen Bourdieus, so ist davon auszugehen, dass das Schulsystem „einer der wirksamsten Faktoren der Aufrechterhaltung der bestehenden Ordnung ist" (Bourdieu, 1966/2001, S. 25). In Kapitel 2.3 wurde bereits die Illusion der Chancengleichheit als Folge einer Reproduktion und Legitimation sozialer Unterschiede im Bildungssystem beschrieben. Bourdieu und Passeron gehen davon aus, dass die ungleichheitsverstärkende Wirkung des Bildungssystems darin besteht, dass die Schule vor allem Arbeitsverhalten, soziale Umgangsformen und sprachliche Ausdrucksformen belohnt, die mit der Kultur ihrer eigenen Klasse übereinstimmen (Brake & Büchner, 2012, S. 95). Das Bildungssystem bewertet damit Kapital, das es nicht ausdrücklich verlangt oder methodisch vermittelt (Bourdieu & Passeron, 1964/1971, S. 126) und setzt gewisse Grundkenntnisse und Techniken voraus, die das Privileg der oberen Klassen sind (ebd., S. 39). Anders gesagt: „Da das System nicht explizit liefert, was es verlangt, verlangt es implizit, daß seine Schüler bereits besitzen, was es nicht liefert" (ebd., S. 126). Die Erwartungen von Lehrkräften, die am Habitus der oberen Klassen orientiert sind, spiegeln sich dabei auch in ihrer Bewertungspraxis: „Es kann vorkommen, daß ein Lehrer, der einen ‚brillanten‘ oder ‚begabten‘ Schüler einem fleißigen vorzieht, vielfach nur die sozial bedingte Einstellung zur Bildung beurteilt" (ebd., S. 41). Schüler*innen der gehobenen Klassen werden somit durch die Verwandtschaft zum Habitus der Lehrenden zu „Komplicen" (ebd., S. 130), während das Schulsystem Angehörige der unteren Milieus eliminiert und dadurch soziale Klassenbeziehungen reproduziert (ebd., S. 215). Dabei wird durch das meritokratische Prinzip suggeriert, dass schulischer Misserfolg auf mangelnde Anstrengung oder fehlendes Talent zurückzuführen ist und es entsteht „die Illusion eigener Verantwortung" (Winkler, 2017, S. 56). Dass Schüler*innen eine umso größere Hürde überwinden müssen, je ferner die Werte der Herkunftsklasse den Werten der Schule sind, wird vom Bildungssystem verschleiert und damit legitimiert (Bourdieu & Passeron, 1964/1971, S. 185). Bourdieu und Passeron (ebd., S. 39) zufolge entsteht dadurch eine fundamentale Chancenungleichheit, „da alle ein Spiel mitspielen müssen, das unter dem Vorwand der Allgemeinbildung eigentlich nur für Privilegierte bestimmt ist".

In den vergangenen Jahren wurden vermehrt Studien durchgeführt, die bestätigen, dass das pädagogische Handeln der Lehrkräfte einschließlich ihrer Bewertungspraxis in besonderer Weise mit den im Herkunftsmilieu erworbenen Wahrnehmungs-, Denk- und Handlungsschemata korrespondiert (u. a. Helsper, Kramer & Thiersch, 2014b; Kramer & Helsper, 2010; Lange-Vester & Teiwes-Kügler, 2006; Schumacher, 2002). In Anlehnung an Bourdieu betonen Lange-Vester und Teiwes-Kügler (2013, S. 5), dass der Habitus der Lehrenden ihre Wahrnehmung wesentlich beeinflusst: „Jeder sieht die Welt durch seine ganz eigene Perspektive und milieuspezifische Brille. Dies schließt auch ein, dass man manche Sichtweisen von anderen nicht verstehen kann. Das ist bei Lehrern nicht anders". Lehrkräfte agieren also nicht „als quasi unbeschriebene Blätter" (Lange-Vester & Vester, 2018, S. 163), sondern praktizieren ihren Beruf auf der Grundlage von bereits verinnerlichten Habitusmustern, die nicht nur die Kommunikationsweise, sondern auch die

Bewertungspraxis beeinflussen (ebd., S. 162). Aus dem jeweiligen Habitus resultieren dann „blinde Flecken" (Lange-Vester & Teiwes-Kügler, 2013, S. 5; Lange-Vester & Teiwes-Kügler, 2014, S. 194; Lange-Vester, Teiwes-Kügler & Bremer, 2019, S. 43), die dazu führen, dass Schüler*innen, die wenig Übereinstimmung mit den Haltungen der Lehrkräfte aufweisen, aus einer defizitären Perspektive wahrgenommen werden (ebd.).

In Abgrenzung zu Bourdieu wird jedoch davon ausgegangen, dass im Bildungssystem nicht ein universeller sekundärer Habitus existiert, sondern verschiedene Schulkulturen „von bestimmten Milieus regelrecht bewohnt werden – und sich dadurch für andere Milieus gerade als ‚unbewohnbar' erweisen können" (Bremer, 2012, S. 839). So können die Mittel- bzw. Oberschichtbezüge in einer Hauptschule in einem sozialen Brennpunkt anders aussehen, als in einem besonders exklusiven und privilegierten Gymnasium (Kramer, 2011, S. 135; Kapitel 4.3). Lange-Vester und Teiwes-Kügler (2014, S. 186) nennen als Faustregel: „Je gesellschaftlich höher angesehen die Schulform ist, desto höher die soziale Herkunftsgruppe von Lehrern und Schülern". Aus diesen Überlegungen folgern Neumann, Becker und Maaz (2014, S. 16), dass durch die divergierenden Schulkulturen „eine gewisse Neutralisierung von selektiv die Mittelschicht begünstigenden Prozessen denkbar" wäre, da innerhalb der verschiedenen Schulformen Passungsprobleme eine weniger bedeutende Rolle spielen (ebd.). Gleichzeitig lässt sich aber auch in den jeweiligen Bildungsinstitutionen eine zunehmende Heterogenität des Milieuspektrums im Lehrer*innenberuf nachweisen, die zu „Machtkämpfen" innerhalb der Schulen um den „legitimen" Bildungsbegriff führt (Bremer & Lange-Vester, 2014, S. 75; Lange-Vester et al., 2019, S. 43). Eine Chance auf die Deutungshoheit bleibt den unteren Milieus jedoch in allen Schulformen weitestgehend verwehrt. Angehörige dieser Milieus sind weiterhin wenig in der Lehrer*innenschaft vertreten, da ihnen mehrheitlich die nötigen akademischen Voraussetzungen für den Schuldienst fehlen (Lange-Vester & Vester, 2018, S. 163). Lange-Vester et al. (2019, S. 44) konnten in ihren empirischen Untersuchungen bei aller Unterschiedlichkeit der Habitus von Lehrpersonen eine Gemeinsamkeit finden: „Alle befragten Lehrpersonen ... gehen gleichermaßen von einer Leistungs- und Anstrengungsbereitschaft, von Eigenverantwortung und Selbstdisziplin aus".

Die Passungsverhältnisse zwischen dem Habitus und den Anforderungen der Schule stimmen damit insgesamt bei Schüler*innen der oberen und mittleren Milieus eher überein als bei Angehörigen der unteren Milieus (ebd., S. 161). Diese unbewusste und nichtintentionale Benachteiligung von Kindern und Jugendlichen der unteren Milieus wird durch das hohe Tempo des Unterrichtsgeschehens und die Dringlichkeit, Bildungszertifikate möglichst schnell zu erwerben, weiter verstärkt (Bremer & Lange-Vester, 2015, S. 85). Insbesondere Angehörige der unteren Klassen benötigen Zeit für Akkulturationsleistungen, „weil Veränderungen nur langfristig angeeignet und im Habitus abgelagert werden" (ebd.). Schaffen es Schüler*innen nicht, bei dem hohen Lerntempo im Unterricht mitzuhalten, sieht das deutsche Bildungssystem „institutionalisierte Abschiebemechanismen" in Form von Klassenwiederholungen oder schulischen Abstiegen vor, um das Leistungsniveau in den Schüler*innengruppen möglichst homogen zu halten (Geißler & Weber-Menges, 2010, S. 567). „Diese Mechanismen ermöglichen es den Lehrkräften und Schulen, sich ihrer Problemkinder zu entledigen, statt sie zu fördern" (ebd.). Die Lernenden erleben das Sitzenbleiben oder den schulischen Abstieg als massiven Misserfolg, der zudem nicht stimulierend, sondern demotivierend und stigmatisierend wirkt (ebd., S. 568). Sie verlassen dann die höhere Klasse und beginnen in einer unteren Klasse neu, ohne dass dabei konstruktiv an den Schwächen gearbeitet wird (Bellenberg & im Brahm, 2010, S. 525). Durch die starke Homogenisierung von Klassen sinkt folglich der institutionelle Druck zur individuellen Unterstützung von Lernenden, was insbesondere Schüler*innen der unteren Milieus benachteiligt, denen mehrheitlich adäquate Lernstrategien fehlen (Bacher, 2007, S. 30; Geißler & Weber-Menges, 2010, S. 569). Ein ganztätiger Schulbetrieb könnte diesen Schüler*innen möglicherweise mehr Zeit für Akkulturationsprozesse in der Schule zur Verfügung stellen und die Möglichkeit der individuellen Unterstützung erhöhen. Dass in den deutschen Halbtagsschulen ein großer Teil des Schulerfolgs von der Qualität der häuslichen Unterstützung abhängt, trägt jedoch weiter zur Chancenungleichheit im Bildungssystem bei (Brake & Büchner, 2012, S. 117).

4.2 Soziale Ungleichheit am Übergang von der Primar- in die Sekundarstufe

Am Ende der Primarstufe erhalten die Schüler*innen eine Übergangsempfehlung, die in den meisten Bundesländern formell von der Grundschule erteilt wird (Füssel, Gresch, Baumert & Maaz, 2010, S. 95). In der Mehrzahl der Bundesländer erfolgt der Übergang nach der vierten Klasse und damit im Alter von etwa zehn Jahren, in einigen wenigen nach der sechsten Klassenstufe. Die Übergangsempfehlung ist in etwas mehr als der Hälfte der Bundesländer in Deutschland verbindlich, das heißt die Eltern können sich über diese Entscheidung nur hinwegsetzen, wenn das Kind eine (länderspezifisch unterschiedlich verlaufende) Eingangsprüfung zu der gewünschten Schulform besteht (Bellenberg & im Brahm, 2010, S. 522). In den anderen Bundesländern sprechen Lehrkräfte lediglich eine unverbindliche Übergangsempfehlung aus. Die letzte Entscheidung bei der Frage, welche weiterführende Schule das Kind besuchen soll, liegt hier also uneingeschränkt bei den Eltern (Dollmann, 2011, S. 598).

Die Studienlage zeigt sehr konsistent, dass sowohl die Übergangsempfehlung als auch die Elternentscheidung mit der sozialen Herkunft der Schüler*innen zusammenhängt (u. a. Ditton & Krüsken, 2010; Dumont et al., 2014; Gresch, Baumert & Maaz, 2010; Kleine, Paulus & Blossfeld, 2010; Maaz & Nagy, 2010; Wagner, Helmke & Schrader, 2010). Inwiefern sekundäre Herkunftseffekte die Übergangsentscheidung der Eltern beeinflussen, wurde bereits in Kapitel 3.2.2 verdeutlicht. Für Lehrkräfte zeigt sich, dass die Erteilung der Übergangsempfehlung zwar bei Schüler*innen, deren Leistungsniveau eine eindeutige Zuordnung zu einer Schulform erlaubt, auf Basis der schulischen Kompetenzen erfolgt, bei Schüler*innen mit unklaren Leistungsverläufen greifen sie jedoch auf leistungsfremde Kriterien zurück. Dabei erweisen sich wahrgenommene Eigenschaften (Motivation, Interesse, Selbstsicherheit) und die vermutete häusliche Unterstützung als wichtige Faktoren (Ditton, 2010b, S. 61f.). Die Lehrkräfte lassen damit – wenn auch aus einer fürsorglichen Haltung heraus (Brake & Büchner, 2012, S. 115) – prognoserelevante Merkmale in die Übergangsempfehlung mit einfließen, die in enger Korrelation mit der sozialen Herkunft stehen (Watermann et al., 2009, S. 99).

Tabelle 2 zeigt die „kritischen Werte" im Kompetenzniveau der Schüler*innen für eine Gymnasialpräferenz der Lehrkräfte und Eltern in Abhängigkeit der EGP-Klasse.

EGP-Klasse	Gruppenspezifischer Standard („kritischer Wert") für eine Gymnasialpräferenz der Lehrkräfte	Gruppenspezifischer Standard („kritischer Wert") für eine Gymnasialpräferenz der Eltern
Obere Dienstklasse	518	501
Untere Dienstklasse	539	543
Routinedienstleistungen	548	560
Selbstständige	568	590
(Fach-)Arbeiter*innen	590	589
Un- und angelernte Arbeiter*innen	620	620

Tabelle 2: Gruppenspezifische Standards („kritische Werte") im Lesen für eine Gymnasialpräferenz der Lehrkräfte und der Eltern in Abhängigkeit der EGP-Klasse (Stubbe, Bos & Schurig, 2017, S. 246)

Kinder von Eltern aus der oberen Dienstklasse müssen im Lesen demnach lediglich 518 Punkte erreichen, um eine Gymnasialempfehlung zu erhalten. Ist die Empfehlung nicht verbindlich, reichen bereits 501 Punkte aus, damit die Eltern sich für einen Übergang auf das Gymnasium entscheiden. Kinder von un- und angelernten Arbeiter*innen gehen dagegen erst bei 620 Punkten auf ein Gymnasium über. Die Chance eines Gymnasiumbesuchs liegt für Kinder aus der oberen Dienstklasse selbst bei Kontrolle der kognitiven Fähigkeiten und der Lesekompetenz 3,18-mal so hoch wie für Kinder von (Fach-)Arbeiter*innen (Stubbe et al., 2017, S. 244). Die in dieser IGLU-Studie herausgestellte Abhängigkeit des Übergangs von der sozialen Herkunft konnte auch in den TIMS-Studien für die Fächer Naturwissenschaften und Mathematik beobachtet werden (Stubbe, Lorenz, Bos & Kasper, 2016, S. 361).

Zwar geht aus den Untersuchungen hervor, dass das Lehrerurteil in gewisser Weise weniger zu einer ungleichen Chancenverteilung beiträgt als die Präferenz der Eltern und eine verbindliche Übergangsempfehlung daher soziale Ungleichheit eher verringert als verstärkt, jedoch würde es gar nicht erst zu sozialer Ungleichheit am Übergang kommen, wenn das deutsche Schulsystem nicht strukturell diese frühe Aufteilung vorsehen würde (Müller-Benedict, 2007, S. 636). Der Zwang zur frühen Sortierung der Lernenden erweist sich aus verschiedenen Gründen als der Chancengleichheit und dem Wohl von Kindern und Lehrkräften unzuträglich: Erstens werden selbst relativ leistungsstarke Schüler*innen, deren Familien keine schulischen Hilfestellungen leisten können, an einer höheren Schulform eher scheitern als Schüler*innen aus Familien mit viel häuslicher Unterstützung (ebd., S .635). Der

Zwang zur leistungsbezogenen Selektion belastet folglich die Lehrkräfte, weil die Schulstrukturen verhindern, dass eine rein leistungsbezogene Entscheidung optimal für die einzelnen Schüler*innen ist (ebd., S. 636). Zweitens entfalten viele Schüler*innen erst nach der Grundschule ihr volles Leistungspotenzial, sodass ihr Leistungsvermögen zum Teil von den Grundschuldaten gar nicht erfasst wird (ebd., S. 623). Drittens sind die verschiedenen Bildungsgänge an einen spezifischen Schulabschluss geknüpft (zur Durchlässigkeit des Bildungssystems s. Kapitel 4.4). Wenn ein Kind mit einem hohen sozioökonomischen Status auf ein Gymnasium übergeht, während ein Kind mit gleichen Schulleistungen und einem niedrigen sozioökonomischen Status auf eine Realschule wechselt, hat das erste Kind bessere Chancen, das Abitur zu erwerben. Die Ungleichheitsrelevanz ergibt sich also im Grunde daraus, dass die sich im Lebenslauf anschließenden Bildungschancen in hohem Maße von dieser Übergangsentscheidung abhängen, die wiederum in Korrelation mit der sozialen Herkunft steht (Brake & Büchner, 2012, S. 140). Schüler*innen mit einem niedrigen sozioökonomischen Status sind damit ab dem Bildungsübergang doppelt benachteiligt: Sie treten bereits mit durchschnittlich weniger schulisch relevanten Kompetenzen in ihre Schullaufbahn ein und sind weiterhin schlechter in der Lage, ihre Kompetenzen in äquivalente Bildungswege umzusetzen.

4.3 Soziale Ungleichheit zwischen den Schulformen

Die in Kapitel 4.2 beschriebenen Unterschiede im Übergangsverhalten müssten zu großen Überschneidungen der Leistungen von Kindern und Jugendlichen zwischen den Schulen führen. Die PISA-Studie aus dem Jahr 2015 ergab jedoch, dass die Varianz der Leistungen von 15-Jährigen in Naturwissenschaften zwischen sozioökonomisch benachteiligten[7] und bevorzugten[8] Schulen in Deutschland überdurchschnittlich hoch ist. 48% der totalen Leistungsvarianz zwischen Schüler*innen wurden zwischen deutschen Schulen beobachtet, während im OECD-Durchschnitt zwischenschulische Unterschiede nur 30% der Gesamtvarianz der Leistungen ausmachten (OECD, 2016a, S. 246). In Deutschland erreichten 15-Jährige in Naturwissenschaften an sozioökomisch benachteiligten Schulen durchschnittlich 150 Kompetenzpunkte weniger als Gleichaltrige an sozioökonomisch begünstigten Schulen (OECD-Durchschnitt: Differenz von 104 Kompetenzpunkten) (ebd., S. 247). Die in der TIMS-Studie für das Fach Naturwissenschaften herausgestellten Überlappun-

---

[7] Schule im untersten Quartil der Verteilung des ESCS-Index (OECD, 2016, S. 247)
[8] Schule im obersten Quartil der Verteilung des ESCS-Index (ebd.)

gen der Leistungen von Viertklässler*innen, die auf unterschiedliche Schulformen wechseln, konnten von PISA in dem Bereich also nicht bestätigt werden. Auch wenn es sich hierbei um keine Längsschnittstudie handelt, lässt dieser Vergleich annehmen, dass in der Sekundarstufe Schereneffekte zwischen sozioökonomisch benachteiligten Schulen (in Deutschland vor allem Hauptschulen (Schümer, 2004, S. 99)) und sozioökonomisch bevorzugten Schulen (in Deutschland meist Gymnasien (ebd.)) entstehen.

Im Rahmen der Untersuchung „Kompetenzen und Einstellungen von Schülerinnen und Schülern" (KESS) wurde die Entwicklung der leistungsbezogenen Zusammensetzung der Schüler*innen an verschiedenen Schulen zwischen dem Beginn der siebten und dem Ende der achten Jahrgangsstufe längsschnittlich beleuchtet (Nikolova, 2010). Die Studie ergab, dass die Varianz der Leistungen in der Lesekompetenz innerhalb der Schulen gesunken ist, die Zusammensetzung der Schüler*innenschaft also homogener wurde, während sich die Varianz zwischen den Schulen vergrößerte. Der Varianzanteil zwischen den Schulen ist am Ende der achten Jahrgangsstufe um 12% gestiegen. Dabei lassen sich 57% der Gesamtvarianz auf Schulformunterschiede, 6% auf Schulunterschiede innerhalb der Schulformen und lediglich 37% der Gesamtvarianz auf individuelle Unterschiede zwischen den Schüler*innen zurückführen (ebd., S.111f.). Die Befunde deuten darauf hin, dass die Leistungsentwicklung von Schüler*innen mit der Schulform korreliert. Ausgenommen einiger weniger Untersuchungen im Fach Deutsch (M. Becker, McElvany, Lüdtke & Trautwein, 2014; Retelsdorf & Möller, 2008) zeigt die Studienlage tatsächlich sehr konsistent, dass Kinder und Jugendliche an Gymnasien höhere Leistungszuwächse erzielen als Lernende an Hauptschulen. Das gilt insbesondere für die Fächer Mathematik (Angelone, 2019; M. Becker, Lüdtke, Trautwein & Baumert, 2006; Guill & Gröhlich, 2013; Kunter, 2005; Murayama, Pekrun, Lichtenfeld & vom Hofe, 2012) und Englisch (Harsch & Schröder, 2008; Nold & Rossa, 2008), aber auch für die Mehrheit der Untersuchungen im Fach Deutsch (Angelone, 2019; Nikolova, 2010; Pfost, Karing, Lorenz & Artelt, 2010). Die anhand der Daten von TIMSS und PISA aufgestellte Hypothese, dass die Aufteilung der Schüler*innen auf verschiedene Schulformen zu einer Öffnung der Leistungsschere beiträgt, kann also anhand der Längsschnittstudien bestätigt werden. Insgesamt betrachtet findet sich damit empirische Evidenz für die Annahme, dass die verschiedenen Schulformen unterschiedliche Entwicklungsmöglichkeiten bieten (Neumann et al., 2014, S. 17). Baumert, Stanat und Watermann (2006, S. 101) beschreiben drei Erklärungsmöglichkeiten für die Unterschiede in der Lernentwicklung:

Erstens lässt sich dieser Schereneffekt zumindest teilweise durch die *individuell unterschiedlichen Voraussetzungen* der Schüler*innen erklären, die sich bereits im Grundschulalter manifestieren. Unterschiedliche Entwicklungsverläufe wären damit Ausdruck bereits früh angelegter differenzieller Lernraten und somit lediglich Funktion der Eingangsselektivität der Schultypen im Sekundarschulsystem (M. Becker et al., 2006, S. 234). Die unterschiedlichen Geschwindigkeiten im Lernzuwachs lassen sich einerseits durch erblich bedingte Unterschiede in der Motivation und Leistungsfähigkeit begründen, hängen aber auch mit der Ressourcenausstattung des Elternhauses und ihrem Habitus zusammen (Pfost et al., 2010, S. 263; Kapitel 3.1).

Zwar spielen differenzielle Lernraten aufgrund von divergierenden Voraussetzungen der Schüler*innen eine Rolle, Untersuchungen von Pfost et al. (2010) sowie von Angelone (2019) zeigen jedoch, dass Kinder, die in der vierten Klasse vergleichbare Voraussetzungen und Leistungen aufweisen, aber auf verschiedene Schulformen wechseln, in der Sekundarstufe unterschiedliche Leistungszuwächse erzielen. In beiden Studien wurde die Eingangsselektivität beim Eintritt in die Sekundarstufe aufgrund von Leistung bzw. Vorwissen und sozialem Hintergrund mithilfe eines Propensity-Score-Matching statistisch kontrolliert, um so den Effekt der Schulform auf die Kompetenzentwicklung der Lernenden abzusichern. Schüler*innen an Gymnasien weisen den Untersuchungen zufolge eine positivere Entwicklung sowohl der Lesekompetenz (Angelone, 2019, S. 458; Pfost et al., 2010, S. 266) als auch der Mathematikkompetenz (Angelone, 2019, S. 458) auf als Schüler*innen an anderen Schulformen. Dass 70% der Kinder, die ohne Gymnasialempfehlung ein Gymnasium besuchen, trotzdem in ihrer Bildungslaufbahn erfolgreich sind (Tiedemann & Billmann-Mahecha, 2010, S. 655), spricht weiterhin für die schulformspezifisch unterschiedlichen Entwicklungschancen. Baumert et al. (2006, S. 98f.) sehen daher unterschiedliche Leistungszuwächse zu einem nicht unerheblichen Teil in differenziellen Lern- und Entwicklungsmilieus begründet:

> Wenn wir von differenziellen Lern- und Entwicklungsmilieus sprechen, ist damit gemeint, dass junge Menschen unabhängig von und zusätzlich zu ihren unterschiedlichen persönlichen, intellektuellen, kulturellen, sozialen und ökonomischen Ressourcen je nach besuchter Schulform differenzielle Entwicklungschancen erhalten, die schulmilieubedingt sind und sowohl durch den Verteilungsprozess als auch durch die institutionellen Arbeits- und Lernbedingungen und die schulformspezifischen pädagogisch-didaktischen Traditionen erzeugt werden. (ebd.)

Sie gehen also davon aus, dass zusätzlich zu den Unterschieden in den individuellen Möglichkeiten des Lernens und der Leistungsentwicklung, bedingt durch Begabungsunterschiede und Ungleichheiten im Kapital der Schüler*innen, die verschiedenen Schulformen durch institutionelle Ungleichheiten und die unterschiedliche Zusammensetzung der Lernenden auch maßgeblich zu differenziellen Leistungszuwächsen beitragen. Der zweite Erklärungsansatz fokussiert demnach *Institutseffekte,* die die Lernentwicklung der Schüler*innen beeinflussen. Durch schultypspezifische Lehrpläne, unterschiedliche Fachkompetenzen der Lehrkräfte oder verschiedene Unterrichtsmethoden werden die Kinder und Jugendlichen in einem unterschiedlichen Maße gefördert (ebd., S. 101). Die in Kapitel 4.1 beschriebenen Unterschiede im Habitus der Lehrenden, die sich durch die Unterschiede in der Milieuzugehörigkeit ergeben, spielen hier ebenfalls eine Rolle (Bremer & Lange-Vester, 2014, S. 76; Kramer, 2011, S. 135).

Drittens und letztens führt die unterschiedliche Zusammensetzung der Schüler*innen in den verschiedenen Schulformen zu differenziellen Entwicklungsmilieus. Baumert et al. (2006, S. 101) sprechen von *Kompositionseffekten:* „Mit *Kompositionseffekten* sind Einflüsse des schulischen Lernkontextes auf die Leistungsentwicklung von Schülerinnen und Schülern gemeint, die auf Unterschiede in der leistungsbezogenen, sozialen oder lernbiographischen Zusammensetzung der Schülerschaft zurückführbar sind" (Angelone, 2019, S. 447). Zwar wirken sich Kompositionseffekte in der Regel nicht direkt auf die schulischen Leistungen aus, soziale Vergleichsprozesse in der Lerngruppe, normative Wertvorstellungen (z. B. Leistungsnormen) innerhalb der Peergroup und Elternschaft sowie Anpassungen des Unterrichts an das Leistungs- und Fähigkeitsniveau einer Klasse können diese jedoch indirekt beeinflussen (ebd., S. 448; M. Becker et al., 2006, S. 234; Retelsdorf & Möller, 2008, S. 180). Solga und Dambrowski (2009, S. 74) beschreiben beispielsweise die Bedeutung von Mitschüler*innen, die durch gute Leistungen und hohe Bildungsaspirationen eine Vorbildfunktion einnehmen. Angesichts der Tatsache, dass die institutionelle Aufteilung von Kindern auf unterschiedliche Sekundarschultypen mit einer sozialen Segregation einhergeht, stehen den Hauptschüler*innen weniger ambitionierte Rollenmodelle zur Verfügung. Hier fehlen interessierte und leistungsfähige Lernende, die ihre Mitschüler*innen mitreißen und als Vorbilder fungieren:

> Im Ghetto der Schwächsten ist keiner mehr da, der interessante Aufsätze schreibt, kreativ an Rechenprobleme herangeht und die englische Diskussion mit originellen Beiträgen befruchtet. Dann spiegelt sich der desinteressierte Blick des Einen im desinteressierten Auge des Anderen und das Ergebnis ist ‚null Bock'. (Vierlinger, 2009, S. 131)

Die externe Differenzierung beeinflusst weiterhin die Einschätzung, die Schüler*innen von ihren eigenen Fähigkeiten entwickeln (Schümer, 2004, S. 74). Im mehrgliedrigen Schulsystem ist die Hauptschule ein „gesellschaftlich stigmatisierter, abgewerteter und letztlich sozial verachteter Bildungsort" (Helsper, Kramer & Thiersch, 2014a, S. 22f.) und eine „‚Restschule' für diejenigen …, die schon vom Elternhaus her ohne Chancen waren" (Vester, 2013a, S. 92). Kinder und Jugendliche an Hauptschulen haben die Erfahrung gemacht, für eine andere, höhere Schulform nicht geeignet zu sein, was sich negativ auf ihr Selbstwertgefühl auswirkt. Zwar müssen sie sich in der Schulform nicht mit den leistungsstärksten Schüler*innen messen, sie wissen aber durchaus, dass sie auf der unteren Stufe im hierarchisch gegliederten Schulsystem stehen. Die daraus resultierenden negativen Selbstwirksamkeitsurteile können affektive und kognitive Probleme nach sich ziehen, die entwicklungshemmend wirken. Aus diesen Effekten des Hauptschulbesuchs auf die motivationalen Merkmale der einzelnen Kinder und Jugendlichen ergeben sich wiederum Kompositionseffekte. An Schulen mit einer Konzentration von Schüler*innen mit ungünstigen Lernvoraussetzungen steigt die Häufigkeit der Schulverweigerung und Gewaltbereitschaft, was sich negativ auf die Schul- und Unterrichtskultur auswirkt (Schümer, 2004, S. 76).

Die institutionelle Leistungsdifferenzierung verfehlt somit das Ziel einer bestmöglichen Förderung aller Schüler*innen und führt zu einer strukturellen Benachteiligung von einer nicht zu vernachlässigenden Anzahl an Kindern und Jugendlichen:

> Wo es zu einer sozialen Entmischung der Schule und somit auch zu einer Verringerung der sozialen Ressourcen für den Bildungserwerb kommt, verlieren die üblichen Argumente für die Einrichtung leistungshomogener Lerngruppen ihre Überzeugungskraft, denn die Schüler bleiben unter diesen Bedingungen hinter den Erwartungen zurück, die sie ihren individuellen Lernvoraussetzungen entsprechend erfüllen müssten. (ebd., S. 105)

Insgesamt lassen sich für alle drei Erklärungsansätze von Baumert et al. empirische Nachweise finden (Baumert et al., 2006; Nikolova, 2010). Es ist also von einem Zusammenspiel der individuellen Lernvoraussetzungen, Instituts- und Kompositionseffekten auszugehen, durch die sich unterschiedliche Entwicklungschancen ergeben. Unter Rückbezug auf Kapitel 4.2, aus dem hervorgeht, dass gerade Kinder aus den unteren sozialen Milieus am Übergang nach der Primarstufe auf Schulformen mit weniger förderlichen Lernmilieus wechseln, zeigt sich, dass die Kinder und Jugendlichen, die aufgrund ihrer sozialen Herkunft sowieso schon benachteiligt sind, in der Entwicklung ihres Leistungspotentials weiter gebremst werden. Schüler*innen aus den oberen Milieus profitieren dagegen von günstigen schulischen Lernumwelten (Neumann et al., 2014, S. 5). Die ungleiche Verteilung von Bildungschancen wird damit im Sekundarschulsystem weiter verstärkt.

4.4 Reduktion sozialer Ungleichheit durch Offenheit des Schulsystems?

Im Zuge der Bildungsexpansion wurde unter anderem auf die Notwendigkeit verwiesen, Bildungswege zu öffnen, sodass Bildungsentscheidungen nachträglich korrigiert werden können (Winkler, 2017, S. 13). Durch eine Erhöhung der Durchlässigkeit im Bildungssystem ist es gemäß dem meritokratischen Prinzip allen Schüler*innen möglich, den höchsten Bildungsabschluss zu erlangen, da sie – bei entsprechenden Leistungen – jederzeit auf eine höhere Schulform wechseln können:

> In einem Schulsystem mit erhöhter Durchlässigkeit wird dem Anspruch der Realisierung des meritokratischen Prinzips Rechnung getragen, wonach die Leistungsfähigkeit des Einzelnen über seinen Erfolg entscheidet und nicht leistungsfremde Faktoren darüber bestimmen. Ferner trägt die Durchlässigkeit zur Gerechtigkeit in gegliederten Schulsystemen bei, da einmal getroffene Zuweisungsentscheidungen (zum Beispiel beim Übergang von der Grundschule in die Sekundarstufe I) revidierbar werden. (Bellenberg & Forell, 2014, S. 8)

Dass eine nachträgliche Korrektur bereits getroffener Bildungsentscheidungen in der Realität mit zunehmender Klassenstufe immer unwahrscheinlicher wird, lässt sich jedoch bereits aus Kapitel 4.3 schlussfolgern: Wenn die Leistungsunterschiede zwischen den Schulformen zunehmen, wird es schwieriger, die Leistungsrückstände aufzuholen und an das Leistungsniveau der neuen Schulform anzuknüpfen. Schüler*innen, die dennoch diesen Schritt gehen, müssen folglich deutlich größere Hürden bewältigen als ihre Mitschüler*innen, die bereits nach der Grundschule auf diese Schulform gewechselt sind. Silkenbeumer und Wernet (2012, S. 7) gehen dabei davon aus, dass bei einer großen Zahl von „Aufsteiger*innen" der Schulformwechsel mit erheblichen inneren Belastungen verbunden ist, die sich nicht allein durch die gesteigerten Leistungsanforderungen erklären lassen. In „Die Mühen des Aufstiegs" untersuchen sie auf der Grundlage von bildungsbiographischen Interviews die mit einem Schulformwechsel einhergehenden Herausforderungen, Anpassungs- und Bewältigungsprobleme von zwei Jungen, die von einer Realschule auf die gymnasiale Oberstufe wechseln (ebd., S. 9). Anhand einer objektiv hermeneutischen Textrekonstruktion ermitteln sie, dass beide Schüler zwar erhebliche Aufstiegsaspirationen (ebd., S. 87) aufweisen, ihnen am Gymnasium jedoch die Selbstdeutung als erfolgreicher Gymnasiast misslingt (ebd., S. 89). Der Übergang auf das Gymnasium erweist sich als *„bedrohliche Bewährungsprobe mit gesteigertem Anpassungsdruck"* (ebd.) und ist mit einer starken Belastung verbunden (ebd., S. 88). Die enorme Anstrengung, die mit dem Schulformwechsel einhergeht, ist dabei eng mit dem weitgehenden Fehlen einer Identifikation mit den Bildungserwartungen und -ansprüchen des Gymnasiums verbunden. Die Jungen erleben sich nicht als zur Leistungselite dazugehörig. Vielmehr erfahren sie, dass sie am Gymnasium nicht mithalten können und ihnen diese Unterrichtskultur nicht vertraut ist (ebd., S. 90). Sie scheitern, weil ihr Habitus nicht mit den Anforderungen des Gymnasiums – dem dort herrschenden sekundären Habitus – kompatibel ist (ebd., S. 86).

Ein Schulformwechsel kann bei Schüler*innen also mit erheblichen Belastungen verbunden sein und ist in eine höhere Schulform nicht so einfach möglich, wie in dem obigen Zitat beschrieben. Im Sekundarbereich I finden tatsächlich deutlich häufiger Abwärts- als Aufwärtsbewegungen statt. „Die Durchlässigkeit im hierarchischen Schulsystem ist im Wesentlichen eine Durchlässigkeit nach unten" (Geißler & Weber-Menges, 2010, S. 568). Im Schuljahr 2016/2017 war deutschlandweit durchschnittlich nahezu die Hälfte aller Schulartwechsel (46%) auf einen Wechsel vom Gymnasium auf eine andere weiterführende Schulform zurückzuführen, während umgekehrt nur 10% der „Schulformwechselnden" auf ein Gymnasium aufgestiegen sind (Autorengruppe Bildungsberichterstattung, 2020, S. 112)[9]. Die Schüler aus der Untersuchung von Silkenbeumer und Wernet haben ihren Wechsel jedoch nicht innerhalb der Sekundarstufe I, sondern nach ihrem ersten Schulabschluss vollzogen. Die Aufstiegsquote ist nach einem Schulabschluss tatsächlich höher. Während insgesamt nur 2% der Schüler*innen innerhalb der Sekundarstufe I auf eine höhere Schulform wechseln, finden sich nach der Sekundarstufe I insgesamt 9% Aufstiege (ebd., S. 114). Als Zwischenfazit lässt sich also festhalten, dass nachträgliche Korrekturen des Bildungsweges prinzipiell möglich sind, für viele Schüler*innen jedoch mit erheblichen Belastungen einhergehen und innerhalb der Sekundarstufe I kaum stattfinden. Dennoch besteht die Möglichkeit für Schüler*innen, durch Fleiß und entsprechende Leistungen ihren eingeschla-

---

[9] Aufgrund der länderspezifischen Schulstrukturen konnte hier nur zwischen dem Gymnasium und den sonstigen weiterführenden Schulen unterschieden werden.

genen Bildungsweg nachträglich zu korrigieren. Fraglich bleibt, von welchen Kindern und Jugendlichen diese Möglichkeit genutzt wird und ob die Chancenungleichheit im Bildungssystem damit tatsächlich reduziert werden kann.

Die vorliegenden Befunde zeigen nahezu einheitlich, dass Bildungsaufstiege prozentual gesehen vor allem bei Schüler*innen aus bildungsnahen Familien vorkommen. Das gilt sowohl für Aufstiege innerhalb der Sekundarstufe I (Ditton, 2013; Zielonka, Beier & Blossfeld, 2014; Winkler, 2017) als auch für Schulformwechsel nach einem Schulabschluss (Hillmert & Jacob, 2008; Winkler, 2017). So hat Ditton (2013) in einer Untersuchung für das Schulsystem in Bayern die Aufstiege aus der Hauptschule und die Abstiege vom Gymnasium in der fünften und sechsten Jahrgangsstufe in Abhängigkeit vom Bildungsstatus der Herkunftsfamilie untersucht und signifikante Korrelationen herausgestellt. Von den ohnehin schon wenigen Schüler*innen aus der höchsten Bildungsschicht (mindestens ein Elternteil hat das Abitur) an Hauptschulen wechseln 71,4% im Verlauf der Sekundarstufe I auf eine Realschule. Auch bei Kindern von Eltern mit höchstens einem Hauptschulabschluss kommen Wechsel von der Hauptschule in mittlere Bildungsgänge vor (26,1%). Die Aufstiegschancen liegen dennoch deutlich unter denen der Kinder aus der Gruppe mit dem höchsten Bildungsstatus. Umgekehrt sind kaum Abstiege vom Gymnasium zu verzeichnen, wenn ein Elternteil einen Gymnasialabschluss hat (2,9%), während 26,7% der Jugendlichen aus Familien mit höchstens einem Hauptschulabschluss vom Gymnasium auf eine Realschule wechseln (ebd., S. 903). Bedenkt man dabei, dass diese Schüler*innen an Gymnasien aufgrund der sozialen Eingangsselektivität (Kapitel 4.2) sowieso schon deutlich unterrepräsentiert sind, hat die Durchlässigkeit der Schulformen einen eher negativen Effekt auf die Chancengleichheit im Bildungssystem: Der Anteil der Schüler*innen aus bildungsnahen Familien steigt an Gymnasien weiter an, während ihr Anteil an Hauptschulen sinkt.

Hillmert und Jacob (2008) bestätigen, dass von der Möglichkeit der Schulformwechsel insbesondere Schüler*innen aus höheren Bildungsschichten profitieren (ebd., S. 165f.) und konstatieren weiterhin, dass auch nach der Sekundarstufe I vor allem Angehörige der bildungsnahen Milieus Möglichkeiten zum (schulischen) Aufstieg nutzen (ebd., S. 167f.). Das relative Chancenverhältnis Gymnasium/Abitur versus Hauptschule/Hauptschulabschluss zwischen Schüler*innen mit hohem[10]

---

[10] Mindestens ein Elternteil hat einen Gymnasialabschluss.

und niedrigem[11] Bildungshintergrund steigt damit im Bildungsverlauf immer weiter an (Tabelle 3).

Stufe der Bildungslaufbahn	Relatives Chancenverhältnis Gymnasium/Abitur versus Hauptschule/Hauptschulabschluss zwischen Kindern mit hohem und niedrigem Bildungshintergrund
Übergang in die Sekundarstufe I	13,9:1
Erster Abschluss der Sekundarstufe	19,4:1
Erstes Verlassen des Schulsystems	22,0:1
Ende des Beobachtungszeitraums	24,4:1

Tabelle 3: Relative Chancenverhältnisse auf einzelnen Stufen der Bildungslaufbahn (Hillmert & Jacob, 2008, S. 170)

Am Ende der Grundschulzeit ist es gemäß der Untersuchung von Hillmert und Jacob (2008, S. 170) für Kinder aus bildungsnahen Familien 13,9-mal wahrscheinlicher ein Gymnasium anstatt einer Hauptschule zu besuchen. Im Alter von 26 Jahren (Ende des Beobachtungszeitraumes) ist es dagegen mehr als 24-mal so wahrscheinlich, dass sie ein Abitur anstatt eines Hauptschulabschlusses erworben haben. Sowohl die Bildungsübergänge im deutschen Schulsystem als auch die Möglichkeit eines Schulformwechsels wirken damit ungleichheitsverstärkend.

---

[11] Die Eltern haben höchstens einen Hauptschulabschluss.

5 Chancen und Grenzen einer „Schule für Alle" in Bezug auf die Chancengleichheit im Bildungssystem

In Kapitel 4 wurde herausgearbeitet, dass weniger innerhalb von Schulen, sondern vielmehr zwischen den verschiedenen Schulformen soziale Ungleichheit entsteht. Vor diesem Hintergrund stellt sich die Frage, ob nicht eine „Schule für Alle", in der eine hohe Heterogenität in den Klassen garantiert ist, geeigneter wäre, um die Chancenungleichheit im Bildungssystem zu verringern. Im Folgenden werden in Bezug auf die Chancengleichheit im Bildungswesen die Möglichkeiten und Grenzen einer imaginären Schule aufgezeigt, deren Hauptmerkmal darin besteht, dass alle Schüler*innen gemeinsam unterrichtet werden.

5.1 Chancen einer „Schule für Alle"

Da es sich bei der „Schule für Alle" um ein imaginäres Modell handelt, das mit keiner der national oder international bestehenden Schulformen gleichzusetzen ist, beruhen die hier vorgestellten Argumente auf Schlussfolgerungen, die sich empirisch nur in Grenzen belegen lassen. Es existieren jedoch einige Ansätze, die als Indiz für eine höhere Chancengleichheit in einer „Schule für Alle" interpretiert werden können. Dazu gehört erstens ein Vergleich zwischen der deutschen nicht-selektiven Primarstufe und der hierarchisch organisierten Sekundarstufe. Während nämlich in den PISA-Studien enorme schichttypische Kompetenzunterschiede bei 15-Jährigen beobachtet werden, fallen Leistungsdisparitäten in IGLU und TIMSS zur Grundschule noch moderat aus (für einen direkten Vergleich s. z. B. Geißler & Weber-Menges, 2010, S. 560; Hanushek & Wößmann, 2006, S. 69; Schütz & Wößmann, 2005, S. 22; Kapitel 4.1, 4.3). Die Besonderheit der deutschen Situation wird von Hanushek und Wößmann (2006, S. 69) durch den internationalen Vergleich untermauert: Während Deutschland bei den Primarstufenungleichheiten einen unteren Rangplatz einnimmt, avanciert das deutsche Bildungssystem in der Sekundarstufe zu einem Spitzenreiter[12]. Der Vergleich führt zu folgender Erkenntnis hinsichtlich der frühen Selektion: „In Ländern, die ihre Schüler in verschiedene Schulformen aufteilen, nimmt die relative Ungleichheit systematisch zu, während sie in Ländern, die ihre Schüler nicht selektieren, systematisch abnimmt" (Schütz & Wößmann, 2005, S. 22).

---

[12] Die Untersuchungen wurden auf Basis der PISA- (2003) und IGLU- (2001) Studien durchgeführt und berücksichtigen daher nur Staaten, die an beiden Studien teilgenommen haben.

Zweitens wurde in den 1970er Jahren mit der integrierten Gesamtschule eine Schulform eingeführt, die einen gemeinsamen Unterricht aller Lernenden ermöglicht (Köller, 2008, S. 437) und damit in Deutschland am ehesten dem Modell einer „Schule für Alle" entspricht. Mithilfe von Daten der längsschnittlich angelegten Studie „Lebensverläufe ins frühe Erwachsenenalter" (LifE) untersucht Fend (2009), welche Bedeutung der Besuch einer Gesamtschule für soziale Herkunftseffekte im Lebensverlauf hat und kommt unter anderem zu dem Ergebnis, dass die Chancenungleichheit im herkömmlichen, gegliederten Schulsystem signifikant höher ist als in den Gesamtschulen. Der Prozentsatz realisierter Ungleichheit liegt seinen Untersuchungen zufolge in der neunten Klassenstufe im dreigliedrigen Bildungswesen bei 38% und in der Gesamtschule bei 15% (ebd., S. 55). Damit repliziert er beinahe perfekt die Befunde der Gesamtschulstudien aus den 1970er Jahren (Fend, 1982).

Da davon auszugehen ist, dass eine Kompetenzsteigerung der leistungsschwachen Schüler*innen, die überdurchschnittlich oft den unteren Herkunftsmilieus angehören, zu einer verbesserten Chancengleichheit führt, können drittens auch Studien herangezogen werden, die diesen Untersuchungsgegenstand fokussieren. Lehmann (2006) konstatiert auf Basis der Daten der ELEMENT-Studie aus dem Jahr 2005, dass das Leseverständnis von leistungsschwachen Schüler*innen in Grundschulklassen mit breiter Leistungsstreuung besser ist: „Mutmaßlich kann in Klassen, in denen sich neben langsamen Lernern relativ viele leistungsstarke Schülerinnen und Schüler befinden, ein Unterricht realisiert werden, von dessen Anspruchsniveau insbesondere auch jene profitieren, die in einer anderen Lernumgebung weniger rasche Lernfortschritte machen würden" (ebd., S. 119). Scharenberg (2012) repliziert dieses Ergebnis für das Leseverstehen und stellt darüber hinaus auch für Mathematik einen signifikant positiven Zusammenhang fest. Während sich eine möglichst heterogene Zusammensetzung der Schüler*innenschaft – wie sie in einer „Schule für Alle" gegeben wäre – positiv auf die Kompetenzentwicklung der Schwächeren auswirkt, manifestieren sich in den Untersuchungen darüber hinaus kaum Nachteile für leistungsstarke Lernende (ebd., S. 257).

Viertens eignet sich ein internationaler Vergleich von Ländern mit und ohne frühe Selektion, um die Auswirkungen von einer gemeinsamen Beschulung aller Lernenden auf die Chancengleichheit im Bildungssystem zu untersuchen. Auf der Grundlage der PISA-Ergebnisse aus dem Jahr 2003 vergleicht Bacher (2007) Länder mit einem Gesamtschulsystem bis 16 Jahre (Dänemark, Spanien, Finnland, Großbritannien, Lettland und Schweden) und Länder mit differenzierten Schulsystemen für

16-Jährige (z. B. Deutschland, Österreich, Belgien, Tschechien, Irland, Niederlande, Polen) in Bezug auf das Leistungsniveau, den Anteil der Risiko[13]- und Spitzenschüler*innen[14], die individuelle Unterstützung durch die Lehrkräfte[15] und die Chancengleichheit[16] (Tabelle 4).

Schulsystem	Durchschnittliche Testleistungen in allen drei Bereichen	Anteil der Risikoschüler*innen in %	Anteil der Spitzenschüler*innen in %	Unterstützung durch Lehrkräfte	Korrelation zwischen Testleistungen und Beruf der Eltern
Differenziertes Schulsystem für 16-Jährige (n=14)	495	26,4	14,1	-0,14	0,350
Gesamtschulsystem für 16-Jährige (n=6)	505	20,7	15,2	0,10	0,279
Signifikanz aus Mann-Whitney-Test	P=0,144 (n.s.)	P=0,104 (Tendenz)	P=0,194 (n.s.)	P=0,002 (sign.)	P=0,000 (sign.)

Tabelle 4: Leistungsmerkmale von Schulsystemen in Abhängigkeit vom Schulsystem (Bacher, 2007, S. 23)

Statistisch signifikant ist, dass der Zusammenhang zwischen den Testleistungen und dem Beruf der Eltern in Ländern mit einem Gesamtschulsystem geringer und damit die Chancengleichheit höher ist. Weiterhin findet in diesen Ländern

---

[13] Als Risikoschüler*innen wurden Schüler*innen betrachtet, die mindestens in einem der beiden Testbereiche Lesen und Mathematik sehr niedrige Punktwerte erreichten (Bacher, 2007, S. 19).

[14] Als Spitzenschüler*innen wurden Schüler*innen betrachtet, die mindestens in einem der beiden Testbereiche Lesen und Mathematik sehr hohe Punktwerte erreichten (Bacher, 2007, S. 18).

[15] Individuelle Unterstützung der einzelnen Schüler*innen durch die jeweiligen Lehrpersonen. Konkret musste für PISA 2003 die individuelle Unterstützung im Mathematikunterricht verwendet werden, da Mathematik die Hauptdomäne war (ebd.).

[16] Als konkreter Indikator wurde die Korrelation zwischen dem höchsten Beruf der Eltern und den Testleistungen in allen drei Bereichen (Lesen, Mathematik und Naturwissenschaften) berechnet (ebd.).

signifikant mehr individuelle Unterstützung durch die Lehrkräfte statt und der Anteil der Risikoschüler*innen ist tendenziell niedriger. Bezüglich der durchschnittlichen Testleistungen und dem Anteil der Spitzenschüler*innen zeigen sich keine signifikanten Unterschiede. Schütz und Wößmann (2005, S. 21) konstatieren ebenfalls auf Basis der PISA-Daten aus dem Jahr 2003, dass sich der Einfluss des familiären Hintergrundes auf die Schüler*innenleistungen durch einen Aufschub der selektiven Trennung um vier Jahre im Schnitt um ein Viertel verringern könnte.

Eine „Schule für Alle" scheint also die Chancengleichheit im Bildungssystem verbessern zu können, ohne dass sich die Durchschnittsleistung dadurch verschlechtert. Dennoch muss hier einschränkend angemerkt werden, dass sich die beschriebenen Ansätze nicht direkt als Beleg für eine verbesserte Chancengleichheit in einer „Schule für Alle" eignen. In den Untersuchungen bleiben andere Faktoren (z. B. Ganztag, angepasste Pädagogik) unberücksichtigt, die ebenfalls Einfluss auf die Schulleistungen und die Chancengleichheit nehmen. Es darf daher nicht von der Kausalität ausgegangen werden, dass gemeinsamer Unterricht automatisch eine höhere Chancengleichheit bedingt. Vielmehr zeigen die Untersuchungen auf, dass eine verbesserte Chancengleichheit in einer „Schule für Alle" wahrscheinlich ist. Diese Annahme lässt sich anhand von Kapitel 3 und 4 in dieser Arbeit auch theoretisch untermauern:

Bei einer „Schule für Alle" entfällt der Übergang von der Grundschule zu einer weiterführenden Schule. Dadurch kommen an diesem Übergang keine sekundären Herkunftseffekte zum Tragen. Die Bildungshaltung der Eltern – ihr Habitus – als *„nicht ausgewählter Grundlage* aller ‚Auswahlentscheidungen'" (Bourdieu, 1980/1987, S. 114) oder *„Anlage-Sinn"* (Bourdieu, 1979/1987, S. 151) spielt bei der Wahl der weiterführenden Schule ebenso wenig eine Rolle wie rationale Kosten-Nutzen-Abwägungen in den Familien (Kapitel 3.2.2; 4.2). Weiterhin sind auch Übergangsempfehlungen der Lehrkräfte nicht notwendig, sodass die Lehrpersonen entlastet werden und bei der Einschätzung ihrer Schüler*innen am Ende der Primarstufe nicht gezwungen sind, auf leistungsfremde Kriterien zurückzugreifen (Kapitel 4.2). Das bedeutet zunächst, dass die Schüler*innen nicht bereits im Alter von zehn Jahren schichtspezifisch auf differenzielle Lebensgeschichten festgelegt werden, da die „Schule für Alle" an keinen spezifischen Schulabschluss geknüpft ist.

Nach Geißler und Weber-Menges (2010, S. 569) ergibt sich die besondere Ungleichheitsrelevanz des deutschen Schulwesens jedoch weniger aus dem Übergang selbst, sondern vielmehr aus den verschiedenen Lern- und Entwicklungsmilieus, die den Leistungszuwachs der Lernenden wesentlich beeinflussen:

> Das Grundübel sind die ungleich wirksamen Lernmilieus auf den verschiedenen Ebenen der Schulhierarchie. Sie mildern die schichttypische Entwicklung des Leistungspotentials im vor- und außerschulischen Umfeld und die damit zusammenhängende schichttypische Bildungsbeteiligung nicht, sondern verstärken diese Ungleichheiten, weil günstige und ungünstige Lernumwelten wiederum schichttypisch genutzt werden – und dies teilweise unabhängig von den tatsächlichen Schulleistungen.

In einem dreigliedrigen Schulsystem wirken sich sowohl Instituts- als auch Kompositionseffekte auf die Schulleistungen der Schüler*innen aus. Die schichttypische Bildungsbeteiligung verstärkt soziale Ungleichheiten, da die Entwicklungsmilieus umso lernförderlicher sind, je höher sich die Schulform im hierarchisch gegliederten Bildungssystem befindet: „Leistungsstarke und Leistungsschwache aus allen Schichten lernen in Gymnasien mehr als in Realschulen und in Realschulen mehr als in Hauptschulen" (Geißler, 2014, S. 367; Kapitel 4.3). Durch ein Neutralisieren des sekundären Herkunftseffektes kann man dementsprechend auch den ungleichen Möglichkeiten der Leistungsentwicklung an verschiedenen Schulformen entgegenwirken und den Schulerfolg von Schüler*innen, die im mehrgliedrigen Schulsystem eine Hauptschule besuchen, steigern (Müller-Benedict, 2007, S. 628; Kapitel 3.2.2). In einer „Schule für Alle" profitieren die Kinder und Jugendlichen der unteren Herkunftsmilieus von den Aspirationen ihrer Mitschüler*innen aus den höheren Milieus und werden dadurch insgesamt auch unabhängiger von den primären sozialen Effekten (Müller-Benedict, 2007, S. 637). Da externe Platzierungen an die „Endstation Hauptschule" (Geißler & Weber-Menges, 2010, S. 563f.) vermieden werden, erfolgen weniger Stigmatisierungen und Hauptschüler*innen können ihr Selbstwertgefühl steigern (ebd., S. 581; Kapitel 4.3.1). Die Anzahl der Risikoschüler*innen wird reduziert. Gegenseitige Unterstützung hilft dabei nicht nur den Leistungsschwächeren, sondern auch den Begabten. Wenn sie nämlich in das „(Be-)Lehren anderer involviert werden ..., ergreifen sie Strategien auf höherer kognitiver Ebene, als wenn sie (bloß) für das Bestehen ihrer Tests lernen" (Vierlinger, 2009, S. 131f.). Das Erklären für andere kann das Ausmaß des Behaltens erhöhen und stärkt zugleich das Selbstkonzept. Sie tragen zum Erreichen eines gemeinsamen Ziels bei und werden als „Helfer*in" akzeptiert, statt – wie es häufig in leistungshomogenen Gruppen der Fall ist – als „Streber*in" denunziert (ebd., S. 131). Vierlinger (ebd., S. 133) sieht die Ursache der Negativ-Stigmatisierungen in der Struktur des mehrgliedrigen, stark nach Leistung selektierenden Schulsystems:

„Wenn Leistung immer im Hinblick darauf gezeigt und getestet werden muss, ob der Verbleib in einem bestimmten Schultyp bzw. in einem bestimmten Kursniveau gesichert ist, verkehrt sich das Klima des Miteinanders tendenziell in das des Rivalisierens und des Wettbewerbs". Eine „Schule für Alle" kann damit nicht nur die Durchschnittsleistung positiv beeinflussen, sondern die Schüler*innen auch zu Kompetenzen „im Dienste der Gemeinschaft" (ebd., S. 132) führen.

Werden alle Schüler*innen gemeinsam unterrichtet, entstehen also im Idealfall keine differenziellen Lern- und Entwicklungsmilieus. Daraus ergibt sich weiterhin eher die Möglichkeit sozialer Mobilität. Soziale Aufstiege sind in einem mehrgliedrigen Schulsystem mit hohen qualitativen Unterschieden im Curriculum der Schularten nur sehr bedingt möglich (Bellenberg & Forell, 2014, S. 13) und meist mit einer besonderen inneren Belastung verbunden. Zudem werden die Schulwechsel „nach oben" meist von Schüler*innen der oberen Milieus vollzogen, sodass die Chancenungleichheit eher verstärkt als reduziert wird (Kapitel 4.4). Bei einer gemeinsamen Beschulung aller Lernenden spielt das Ziel einer möglichst hohen Durchlässigkeit des Schulsystems dagegen keine Rolle, da die Schulstruktur keine verschiedenen Bildungsgänge vorsieht. Die Chancengleichheit wird erhöht.

Damit geht einher, dass institutionelle Abschiebemechanismen, die die Homogenisierung von Leistungsgruppen zum Ziel haben, strukturell vermieden werden. Sowohl Klassenwiederholungen als auch schulische Abstiege können das Selbstkonzept der Lernenden negativ beeinflussen und sind nicht unbedingt mit einer verbesserten Förderung oder Leistungssteigerung der Schüler*innen verbunden. Die Abschiebemechanismen erfolgen im mehrgliedrigen Schulsystem in der Regel ohne konkretes Förderkonzept und die spezifischen Schwächen werden nicht konstruktiv bearbeitet (Geißler & Weber-Menges, 2010, S. 525; Kapitel 4.1). In einer „Schule für Alle" entfallen diese Abschiebemechanismen. Durch die hohe Heterogenität in den Klassen ist damit auch der institutionelle Druck zur individuellen Förderung erhöht (ebd., S. 569). Die Lehrkräfte müssen ihre Methoden anpassen, um allen Schüler*innen Rechnung zu tragen (Bacher, 2007, S. 30) und stärker die Stärken und Schwächen der Kinder und Jugendlichen berücksichtigen:

> Das gestufte System liefert dem Lehrer ein Alibi, für Individualisierung und didaktisch-methodische Differenzierung nicht weiter Sorge tragen zu müssen. Es perfektioniert ihn – zumindest der Intention nach – zu einem Spezialisten für Aussonderung. Das integrative System hingegen drängt ihn an die Seite der Schüler und ihrer Interessen und macht ihn zu einem Spezialisten für das Entwerfen von variablen Lehrstrategien. (Vierlinger, 2009, S. 133f.)

Dies erklärt auch den Befund der Untersuchung von Bacher, dass individuelle Unterstützung durch die Lehrkräfte in heterogenen Klassen signifikant häufiger stattfindet (s. o.).

Insgesamt zeigen die empirischen Befunde, dass eine höhere Chancengleichheit in einer „Schule für Alle" sehr wahrscheinlich ist. Dies lässt sich auch theoretisch gut erklären: In einer eingliedrigen Sekundarstufe I mit leistungsheterogenen Lerngruppen – bei gemeinsamem Unterricht von Leistungsschwachen und Leistungsstarken ohne Möglichkeit des Sitzenbleibens – wären viele der skizzierten Mechanismen außer Kraft gesetzt. Die Schullaufbahnempfehlungen am Ende der Grundschulzeit, die frühen Bildungsentscheidungen der Eltern und die ungleichen Lernmilieus wären aufgehoben. Durch die heterogenen Lerngruppen würde dann Individualisierung erzwungen und es entstünde eine Kultur des gegenseitigen Unterstützens. Folglich verbessern sich die schulischen Kompetenzen der Leistungsschwächeren, der Anteil der Risikoschüler*innen würde reduziert und die Chancengleichheit im Bildungssystem erhöht.

5.2 Grenzen einer „Schule für Alle"

Eliminiert man „harte" organisatorische Mechanismen im deutschen Schulsystem, wie die besonders frühe Aufteilung der Kinder nach Schultypen, kann dies also zu einer Verbesserung der Chancengleichheit beitragen. Vester (2013a, S. 91) betont aber ebenso die „blinden" bzw. „weichen" Mechanismen, die selbst bei einem Neutralisieren sekundärer Herkunftseffekte und differenzieller Lernmilieus noch wirksam sind. Empirisch lässt sich die Existenz weiterer Mechanismen mit den gleichen Studien belegen, die auch für eine Verbesserung der Chancengleichheit in nichtselektiven Schulsystemen sprechen: Zwar ist der Zusammenhang zwischen der sozialen Herkunft und den Schulleistungen im Schnitt in der Grundschule kleiner als in der Sekundarstufe, in integrierten Gesamtschulen kleiner als im dreigliedrigen Bildungswesen, in heterogenen Klassen kleiner als in homogenen und in früh-selektierenden Ländern kleiner als in spät-selektierenden (Kapitel 5.1), die Korrelation wird jedoch nie aufgelöst. Weiterhin zeigen die PISA-Studien sowohl Länder, in denen integrierte Bildungssysteme mit einer deutlich höheren Chancengleichheit einhergehen, als auch solche, in denen dies nicht der Fall ist. So befindet sich neben Deutschland und Österreich, die Kinder im Alter von zehn Jahren auf verschiedene Schulformen aufteilen, beispielsweise auch Frankreich (Selektion mit 15 Jahren) unter den Ländern, in denen die Schulleistungen besonders eng mit dem sozioökonomischen Status zusammenhängen (OECD, 2019, S. 17). Es wird also ersichtlich, dass sich durch eine späte Selektion nicht automatisch auch eine höhere Chancengleichheit ergibt. Einer „Schule für Alle" sind durch weitestgehend verborgene, „weiche" Mechanismen bei der Realisierung einer vollkommenen Chancengleichheit Grenzen gesetzt. Mit diesen verborgenen Mechanismen der Reproduktion sozialer Unterschiede haben sich Pierre Bourdieu und Jean-Claude Passeron sowie daran anknüpfende Autor*innen beschäftigt, die in Kapitel 3.2.1 und 4.1 dargelegt wurden.

Die Schüler*innen sind bereits bei dem Schuleintritt mit unterschiedlichem ökonomischen, sozialen und kulturellen Kapital ausgestattet. Kinder, deren Familien über ein hohes ökonomisches und soziales Kapital verfügen, haben eher Zugang zu außerschulischen Angeboten (z. B. Urlaube, Museumsbesuche, Nachhilfeunterricht, kostenpflichtige Vorschulkurse), die sich positiv auf den Schulerfolg auswirken können. Sie beeinflussen zudem das kulturelle Kapital, das während der Sozialisation im familiären Umfeld erworben wird und in Form von Allgemeinbildung in der Schule auf hohe Wertschätzung stößt (Bourdieu, 1983, S. 183ff.). Die frühzeitig erworbenen kulturellen Gewohnheiten werden damit im Bildungssystem verschieden honoriert oder zurückgewiesen, „so dass unterschiedliches kulturelles Kapital in ungleiches schulisches Kapital ... umgewandelt wird" (Bourdieu & Passeron, 1964/1971, S. 31). Ein geringes kulturelles Kapital geht zudem meist mit einem Habitus einher, der durch eine eher negative Einstellung zur Bildung gekennzeichnet ist: „Mit dem Habitusbegriff wird überhaupt erst verständlich, warum etwa die Unterprivilegierten ‚unmotiviert' dem Schulsystem gegenüberstehen, die Privilegierten dagegen ‚hochmotiviert' und in der Lage sind, wirtschaftlich rationale und lukrative Strategien des Bildungserwerbs zu verfolgen" (Bauer, 2011, S. 152). Während die Kinder aus den oberen Herkunftsmilieus über adäquate Lernstrategien, eine gehobene Sprache und eine selbstsichere Haltung in Bezug auf Bildung verfügen, stehen Kinder der unteren Herkunftsmilieus den schulischen Anforderungen eher ratlos gegenüber. Ihre in der Familie erworbene Sprache stimmt nicht mehr der Bildungssprache überein (Bourdieu & Passeron, 1964/1971). In einer „Schule für Alle" werden diese Mechanismen nicht aufgelöst. Liegt der Fokus allein auf der Neutralisierung sekundärer Herkunftseffekte, wird ignoriert, dass die Schule selbst für die Reproduktion sozialer Unterschiede verantwortlich ist, indem sie den Habitus der oberen Milieus prämiert und den Habitus der unteren Milieus abwertet (ebd.). Entscheidend für den Schulerfolg ist, inwiefern der primäre Habitus der Schüler*innen mit dem sekundären schulischen Habitus der Lehrkräfte zusammenpasst:

Entweder trifft die pädagogische Aktion auf Schüler/innen, die sich das, was ihnen vermittelt werden soll, schon angeeignet haben, und predigt damit – so eine Formulierung von Bourdieu – zu ohnehin schon Bekehrten. Oder aber die pädagogische Aktion trifft auf primäre Habitusformationen, die – mehr oder weniger deutlich – vom sekundären Habitus der Bildungsinstitution abweichen und deshalb in ihren Bezügen transformiert werden sollen. In diesem Fall werden die Schüler/innen in der Schule (oder der Hochschule) mit ihrem primären Habitus und damit in ihrem lebensweltlichen Sein gerade nicht anerkannt. (Kramer, 2013, S. 121)

Nach Bourdieu (1972/1973, S. 99) orientiert sich die Schule an der Kultur der Mittel- und Oberschicht und definiert diese als „legitime" Kultur. In Anlehnung daran betonen Bremer und Lange-Vester (2014, S. 68), dass Lehrpersonen von Beginn an lernen, „mit und in den gesellschaftlichen Teilungen zu denken und zu handeln, sie zu ihren Sichtweisen zu machen bzw. sich dazu zu verhalten". Das Distinktionsverhalten der oberen Milieus wird damit auch in das Feld Schule hereingetragen, es vollzieht sich jedoch vorwiegend unbewusst. Vielmehr resultieren aus den Handlungsmustern und Lebensprinzipien, an denen sich die Lehrkräfte orientieren, spezifische „blinde Flecken", durch die Schüler*innen, die abweichende Prinzipien und Verhaltensweisen zeigen, aus einer defizitären Perspektive wahrgenommen werden (Lange-Vester & Teiwes-Kügler, 2013, S. 5; Lange-Vester & Teiwes-Kügler, 2014, S. 194; Lange-Vester et al., 2019, S. 43). Das zeigt sich auch in der Bewertungspraxis: „Kinder der unteren Schichten werden, gemessen an ihren tatsächlichen Leistungen, zu schlecht, Angehörige der mittleren, vor allem aber der oberen Sozialgruppe werden bezogen auf die tatsächlichen Leistungen deutlich zu gut benotet" (Ditton, 2010a, S. 266). Diese Unterschiede in den schulischen Beurteilungen werden auch durch eine „Schule für Alle" nicht aufgehoben.

Dabei sei jedoch angemerkt, dass auch Lehrkräfte ebenfalls unter verschiedenen Sozialisationsbedingungen aufgewachsen sind. Durch Unterschiede in der Milieuzugehörigkeit von Lehrer*innen können ihre Bildungsauffassungen und –praktiken durchaus variieren (Lange-Vester et al., 2019, S. 42), sodass die Passungskonstellationen zwischen dem sekundären und primären Habitus verschieden sind (Kramer, 2013, S. 119). Daraus ergeben sich einerseits innerschulische „Machtkämpfe" um den „legitimen" Bildungsbegriff (Lange-Vester et al., 2019, S. 43). Andererseits zeigen sich jedoch auch deutliche zwischenschulische Unterschiede in den Milieubezügen, sodass „spezifische Schulkulturen zu sozialen Milieus in einem korrespondierenden Verhältnis der Homologie, der Nähe oder Distanz bis hin zur Abstoßung" (Kramer & Helsper, 2010, S. 110) stehen. Dabei können die Schulen für einige Schüler*innen Raum für Transformationen bieten, wenn dort ein eher reflexiver Habitus anerkannt wird, aber auch Raum für Reproduktion, wenn der sekundäre Habitus eher Unterordnung und Konformität verlangt: „In diesem Sinne erzeugt erst das Zusammenspiel je spezifischer schulischer und familiärer Räume in Gestalt unterschiedlicher Schule-Milieu-Passungen und entsprechender primärer und sekundärer Habitushomologien oder -divergenzen das Spektrum von transformatorischen und reproduktiven Bildungsoptionen" (ebd., S. 115). Welche Schulen für bestimmte Schüler*innen Transformationen ermöglichen und welche die bestehenden Habitusmuster reproduzieren, hängt davon ab, welche Position die Lehrer*innen im sozialen Raum einnehmen und welche Habituskonfigurationen bei den Lernenden vorliegen (ebd.). Von der Schulform scheinen diese – vorwiegend horizontalen – Unterschiede nicht abzuhängen (ebd., S. 109ff.). Bezogen auf vertikale Disparitäten konstatieren Lange-Vester et al. (2019, S. 31) dagegen bestimmte Verteilungsschwerpunkte: Umso gesellschaftlich höher angesehen die Schulform, desto höher die soziale Herkunft der Lehrkräfte. Der sekundäre Habitus an gesellschaftlich angesehenen Schulen entspricht damit eher dem Habitus der höchsten Milieus, während nicht-angesehene Schulen auch einen Habitus der weniger privilegierten Milieus anerkennen.

Was lässt sich daraus für eine „Schule für Alle" schlussfolgern? Vor dem Hintergrund der unterschiedlichen Lehrer*innenhabitus an verschiedenen Schulformen erscheint logisch, dass sich für Kinder und Jugendliche der unteren Milieus an gesellschaftlich weniger angesehenen Schulen – im dreigliedrigen Schulsystem meist Hauptschulen – weniger Passungsprobleme als beispielsweise an Gymnasien ergeben. Grund dafür ist, dass auch die Lehrer*innen an Hauptschulen in der Regel nicht den höchsten Milieus entstammen und sie zudem ihre Erwartungen und Verhaltensweisen an die Schüler*innenschaft anpassen (Neumann et al., 2014, S. 16). Empirisch konnten positive Passungskonstellationen zwischen Lehrpersonen und Hauptschüler*innen von Helsper (2018) anhand einer Fallanalyse belegt werden. Der Autor beschreibt einen „Hauptschulleiter, der biographisch aufgrund eigener Schülererfahrungen hochgradig sensibilisiert für Diskriminierungsprozesse ist und der im eigenen biographischen Aufstieg Orientierungen seines Arbeiterherkunftsmilieus fortschreibt und auf dieser Grundlage sich besonders stark der von sozialer Verachtung betroffenen Hauptschülerklientel zuwendet" (ebd., S. 114). Für eine „Schule für Alle" kann das bedeuten, dass sich die Zahl ungünstiger Passungskonstellationen erhöht, da viele unterschiedliche Habitusmuster aufeinandertreffen. Einschränkend muss hier jedoch angemerkt werden, dass der von Helsper beobachtete Effekt in anderen Untersuchungen (Lange-Vester & Teiwes-Kügler, 2014;

Lange-Vester et al., 2019) nicht repliziert wurde. Es zeigte sich sogar ein besonders distinktives Verhalten bei den Bildungsaufsteiger*innen unter den Lehrpersonen. Mit höherer Wahrscheinlichkeit kann davon ausgegangen werden, dass die differenziellen Lernmilieus nicht aufgelöst werden, sondern dass sich angesehene und weniger angesehene „Schulen für Alle" herausbilden, die milieuspezifisch unterschiedlich besucht werden.

Wenngleich sich keine empirischen Belege dafür finden, dass in heterogenen Klassen mehr Passungsprobleme auftreten, so lässt sich dennoch mit Sicherheit sagen, dass eine „Schule für Alle" diese nicht aufhebt. Solange Kompetenzen im Schulalltag hierarchisiert werden und nur der Habitus der oberen Milieus als legitim anerkannt wird, sind Schüler*innen, die zufällig einem der weniger privilegierten Milieus angehören, benachteiligt. Mit ihrem Vorschlag einer „rationalen Pädagogik" (Bourdieu & Passeron, 1964/1971, S. 91) wenden sich Bourdieu und Passeron (ebd., S. 124; Bourdieu, 1982/2005, S. 113) unter anderem „gegen die Höherbewertung von ‚reinem', ‚theoretischem' gegenüber ‚praktischem', ‚anwendungsorientiertem' Wissen". Vester (2013a, S. 110) plädiert daran anknüpfend dafür, die von der „legitimen" Kultur abweichenden Wahrnehmungs-, Denk-, und Handlungsschemata als Potenziale zu betrachten, da „die Kinder nicht weniger denken, sondern nur andere Denkstile haben". Allein eine „Schule für Alle" kann ein solches Umdenken jedoch nicht bewirken. Vielmehr bedarf es Umbrüchen in der Lehrer*innenbildung, damit zukünftige Lehrpersonen lernen, ihre spezifischen „blinden Flecken" zu reflektieren (Lange-Vester et al., 2019, S. 44). Nach Helsper (2018, S. 132) geht es darum, „die habituell verankerten Orientierungen und Praxen in Lehrerbildungsprozessen reflexiv zugänglich" zu machen. Dabei sind nicht nur das Bewusstmachen eigener Wahrnehmungs-, Denk- und Handlungsmuster und das Begreifen der eigenen Praxis als „symbolische Gewalt" wesentliche Zielkriterien, sondern auch die Ausbildung einer „Art ausgeprägtes Gespür für das Gegenüber" (Lange-Vester et al., 2019, S. 44). Lehrkräfte benötigen Mittel, um die Habitusmuster der Schüler*innen zu decodieren (ebd.). Im Sinne Bourdieus (1993/2010, S. 398) ist

> ein generelles und genetisches Verständnis der Existenz des anderen anzustreben, das auf der praktischen und theoretischen Einsicht in die sozialen Bedingungen basiert, deren Produkt er ist: Eine Einsicht in die Existenzbedingungen und gesellschaftlichen Mechanismen, deren Wirkungen alle Mitglieder seiner Kategorie … betreffen, eine Einsicht in die untrennbar verwobenen psychischen und sozialen Prägungen, die mit der Position und dem biographischen Werdegang dieser Person im Sozialraum einhergehen.

Lange-Vester et al. (2019, S. 44) sprechen in diesem Zusammenhang von „Habitussensibilität" als spezifische Form der Professionalität. Gemeint ist, dass Individuen sensibel dafür sind, dass alle Wahrnehmungs-, Denk- und Handlungsweisen auf der Grundlage von unterschiedlichen Sozialisationsbedingungen entstehen (Lange-Vester & Teiwes-Kügler, 2014, S. 200). Eine „rationale Pädagogik" erfordert Habitussensibilität. Sie erfordert aber auch, dass die durch die verschiedenen Herkunftsmilieus bedingten Unterschiede im erworbenen Wissen und in den erworbenen Kompetenzen durch schulische Bildung ausgeglichen werden (Bourdieu & Passeron, 1964/1971, S. 91). Auch dies kann eine „Schule für Alle" nicht leisten, wenn nicht auch die Pädagogik angepasst wird. Werden in der Schule weiterhin Wissen und Fähigkeiten verlangt, die dort nicht methodisch vermittelt werden (Bourdieu, 1966/2001, S. 24), und ungleiche Schüler*innen gleich behandelt (Bourdieu & Passeron, 1964/1971, S. 39), bleibt die Chancengleichheit eine Illusion.

Es sind also weitere Maßnahmen notwendig, um die ungleichen Bildungschancen anzugleichen. Dazu gehört, dass insbesondere den Schüler*innen der unteren Milieus Zeit für Akkulturationsprozesse zur Verfügung gestellt wird (Bremer & Lange-Vester, 2015, S. 85), sei es in Form von Frühförderung, Ganztagsbildung oder einer verlängerten Pflichtschulzeit (Fend, 2009, S. 68). Dazu gehört weiterhin die Aufhebung ökonomischer Barrieren (ebd., S. 42) und eine Zunahme der individuellen Förderung, sodass Unterstützungsangebote explizit an den Stärken und Schwächen der Lernenden orientiert sind (Geißler & Weber-Menges, 2010, S. 569; Kapitel 4.1). Um neben den sekundären Herkunftseffekten auch primäre Herkunftseffekte (bedingt durch Unterschiede im Kapital bzw. im Habitus) bestmöglich zu neutralisieren, sind damit weitere Reformen erforderlich. Schuldzuweisungen an Lehrpersonen sind an dieser Stelle allerdings nicht zielführend. Vielmehr müssen die bestehenden Schulstrukturen, Lücken in der universitären Bildung sowie fest verankerten Traditionen im Denken der Deutschen über Schule in den Blick genommen werden (ebd., S. 576). Diese fest verankerten Traditionen stehen nicht nur einer Anpassung der Pädagogik, sondern auch Strukturreformen hin zu einer „Schule für Alle" gegenüber. Bildungstraditionen und Bildungseinstellungen halten sich beharrlich in den Köpfen der deutschen Bevölkerung, sodass ein Schulsystem, in dem alle Kinder gemeinsam unterrichtet werden, mehrheitlich abgelehnt wird (ebd.).

Abschließend sei angemerkt, dass sich die Überlegungen lediglich auf die Schulzeit beziehen. Durch ein Neutralisieren der sekundären Herkunftseffekte während der Schulzeit kann erwiesenermaßen die Chancengleichheit im Bildungssystem verbessert werden. Fend (2009) stellt jedoch für die nach der Schulzeit folgenden Übergänge fest, dass hier sekundäre Herkunftseffekte weiterhin wirken. Schüler*innen aus den unteren Herkunftsmilieus, die es in einer „Schule für Alle" schaffen, das Abitur zu erwerben, entscheiden sich dennoch seltener für ein Studium als Schüler*innen aus den oberen Herkunftsmilieus. Fend (ebd., S. 63) resümiert die Ergebnisse seiner Studie folgendermaßen:

> Institutionelle Maßnahmen wie die soziale Integration von Schülern aller (bisherigen) Schulformen in Gesamtschulen führten bei der hier untersuchten Kohorte zu einer größeren Chancengleichheit während der Schulzeit. (...) Die größere Chancengleichheit während der Schulzeit verliert sich auf den weiteren Etappen der Bildungs- und Ausbildungswege und den Berufspositionen. Die Schulstrukturen zeigten somit keine nachhaltigen Effekte in Bezug auf die Chancengleichheit im Lebenslauf. In der Summe ist zu vermuten, dass nach der Sekundarstufe I und insbesondere beim Übergang in die Berufsausbildung weiterhin starke sekundäre Effekte der Bildungsbeteiligung wirksam sein dürften.

Insgesamt entsprechen die hier vorgestellten Grenzen einer „Schule für Alle" weniger Nachteilen einer solchen Schulform. Vielmehr wurden ungleichheitsverstärkende Mechanismen aufgezeigt, die nicht durch die Einführung einer „Schule für Alle" eliminiert werden können. Die Chancenungleichheit würde also auch in einer nicht-selektiven Schulform bestehen bleiben, insbesondere, wenn keine weiteren Maßnahmen Anwendung finden.

6 Fazit

Georg Picht (1964, S. 31f.) hat bereits in den 1960er Jahren die soziale Auslese im Bildungssystem kritisiert. Trotz der Forderungen nach „Bildung für alle" im Zuge der Inklusionsdebatten und der von PISA seit 2000 erneut konstatierten überdurchschnittlich hohen Chancenungleichheit ist das deutsche Bildungssystem aktuell ab der fünften Jahrgangsstufe noch größtenteils hierarchisch organisiert. Nach der Primarstufe wechseln die Schüler*innen auf verschiedene Schulformen, die weitestgehend an einen bestimmten Schulabschluss gebunden sind und die Berufschancen wesentlich beeinflussen (Oelkers, 2004, S. 222; Kapitel 1). Hinsichtlich der Fragestellung, ob eine „Schule für Alle" geeigneter wäre als ein mehrgliedriges Schulsystem, um die Chancengleichheit im Bildungswesen zu verbessern, haben die Überlegungen eindeutig gezeigt, dass ein gemeinsamer Unterricht Potenzial hat, die ungleichen Bildungschancen zumindest teilweise anzugleichen (Kapitel 5.1). Dieser positive Effekt auf die Chancengleichheit in der Schule ergibt sich insbesondere durch das Neutralisieren sekundärer Herkunftseffekte (u. a. Müller-Benedict, 2007). Im hierarchisch gegliederten Schulsystem werden Übergangsentscheidungen nicht nur auf der Basis von Leistungen getroffen, sondern auch in Abhängigkeit der sozialen Herkunft (u. a. Boudon, 1974, S. 28; Bourdieu & Passeron, 1964/1971, S. 178f.; Kapitel 3.2.2; 4.2). Die verschiedenen Schultypen bieten dann unterschiedliche Lern- und Entwicklungsmilieus, sodass Schüler*innen an Hauptschulen weniger lernen als Schüler*innen an Realschulen und Schüler*innen an Realschulen weniger lernen als Schüler*innen an Gymnasien (u. a. Baumert et al., 2006; Kapitel 4.3). Eine „Schule für Alle" könnte diese „harten" Mechanismen außer Kraft setzen. Eine Steigerung der Chancengleichheit im Bildungssystem wäre bei einer gemeinsamen Beschulung aller Lernenden sehr wahrscheinlich, da keine schichtspezifische Aufteilung in verschiedene Schulformen erfolgt, die unterschiedliche Entwicklungsmöglichkeiten bereitstellen. Bis zum Ende der Pflichtschulzeit stehen Schüler*innen in einer „Schule für Alle" prinzipiell alle Ausbildungs- und Berufsmöglichkeiten offen.

Dass ein gemeinsamer Unterricht allein jedoch nicht ausreicht wird schnell deutlich, wenn man bereits existierende Systeme betrachtet, in denen alle Lernenden zusammen beschult werden. Die Chancenungleichheit wird nie gänzlich aufgehoben (u. a. Bacher, 2007, S. 23; Kapitel 5.2). Neben strukturellen, „harten" Mechanismen beeinflussen „weiche" Mechanismen, die größtenteils verborgen sind, die Bildungschancen von Schüler*innen (Vester, 2013a, S. 91; Kapitel 3.2.1). Entsprechend ihrer Position im sozialen Raum verinnerlichen Kinder von Geburt an spezifische Wahrnehmungs-, Denk- und Handlungsweisen, die weitestgehend mit dem Habitus ihres Herkunftsmilieus übereinstimmen (u. a. Bourdieu, 1980/1987; Kapitel 3.1.1). Der Habitus und das vorhandene Kapital der Familie beeinflussen Lernstrategien, die Einstellung zur Bildung sowie das Sprachvermögen und entscheiden damit wesentlich über den Schulerfolg (Bourdieu & Passeron, 1964/1971; Kapitel 3.2.1). Dabei haben nicht nur die Schüler*innen, sondern auch die Lehrkräfte einen bestimmten Habitus, der ihr Denken und Handeln leitet. Die Lehrer*innenschaft entstammt mehrheitlich den mittleren und oberen Milieus, sodass ihr Habitus eher mit dem Habitus von Schüler*innen der gleichen Milieus kompatibel ist. Diese Schüler*innen erhalten in der Regel bessere Noten als Lernende anderer Milieus, weil Lehrkräfte – wenn auch unbewusst – ihren eigenen Habitus als den „legitimen" anerkennen und Schüler*innen anderer Milieus aus einer defizitären Perspektive wahrnehmen (u. a. Lange-Vester & Vester, 2018; Lange-Vester et al., 2019). Damit erwarten und bewerten die Lehrkräfte Wissen, das sie nicht methodisch vermitteln. Die Allgemeinbildung, die Angehörige der oberen Milieus im familiären Umfeld erwerben, müssen sich die Schüler*innen der unteren Milieus erst aneignen (Bourdieu & Passeron, 1964/1971, u. a. S. 37, 126; Kapitel 4.1).

Für den Schulerfolg entscheidend ist im Wesentlichen die Passung zwischen dem sekundären schulischen Habitus und dem primären Habitus der Schüler*innen (u. a. Kramer & Helsper, 2010; Kramer, 2014). Die unterschiedlichen Passungskonstellationen werden auch in einer „Schule für Alle" nicht aufgehoben. Es ist sogar möglich, dass mehr Passungsprobleme auftreten, da auch das Milieuspektrum in der Schüler*innen- und Lehrer*innenschaft an einer solchen Schulform größer ist (Neumann et al., 2014, S. 16; Kapitel 4.1). Ob es in heterogenen Lerngruppen tatsächlich zu mehr Passungskonflikten kommt oder ob die Lehrkräfte aufgrund des hohen Leistungsspektrums automatisch „habitussensibler" werden, müsste weiter untersucht werden. Mit Sicherheit lässt sich aber davon ausgehen, dass allein diese strukturelle Veränderung des Bildungssystems die Chancenungleichheit nicht aufhebt. Vielmehr bedarf es eines Wandels der universitären Lehrer*innenbildung und weiterer Strukturreformen im Bildungssystem (z. B. Anpassung der Curricula, mehr Zeit für Reflexionsprozesse der Lehrenden und Akkulturationsleistungen der Lernenden) (u. a. Bremer & Lange-Vester, 2015; Lange-Vester et al., 2019). Von Bourdieu und Passeron (1964/1971, S. 91) wird eine Reform der Pädagogik hin zu einer „rationalen Pädagogik" vorgeschlagen, die sich durch Habitussensibilität

(Lange-Vester & Teiwes-Kügler, 2014) und eine an den jeweiligen Schüler*innen orientierte Förderung auszeichnet (Kapitel 5.2).

Kann also eine „Schule für Alle" die Chancengleichheit im Bildungssystem verbessern? Ja. Schafft eine „Schule für Alle" Chancengleichheit? Nein. Welche speziellen Maßnahmen zusätzlich notwendig wären, kann auf der Grundlage der vorliegenden Befunde nicht abschließend beantwortet werden und würde an dieser Stelle zu weit führen. Einheitsschulsysteme mit einer vergleichsweise hohen Chancengleichheit, wie sie beispielsweise in Kanada oder Finnland zu finden sind, könnten hier als Orientierungshilfe für das deutsche Bildungswesen dienen. Dabei bleibt jedoch fraglich, ob eine solche Umstrukturierung angesichts der in der deutschen Bevölkerung fest verankerten Bildungstraditionen möglich wäre (Geißler & Weber-Menges, 2010, S. 576; Kapitel 5.2). Als realistischer erweist sich derzeit ein Zwei-Säulen-Modell mit einer verkürzten traditionellen gymnasialen Säule und einer integrierten Säule, von der insbesondere die Schüler*innen aus den unteren Bildungsschichten profitieren. Entwicklungen zu einem zweigliedrigen Schulsystem finden bereits statt und werden auch von Befürworter*innen der frühen Selektion weitestgehend akzeptiert (Hurrelmann, 2013).

Dennoch kann das Zwei-Säulen-Modell auf der Grundlage der in dieser Arbeit vorgestellten Überlegungen langfristig nicht als Alternative zu einer „Schule für Alle" angesehen werden, da nach der Primarstufe weiterhin sekundäre Herkunftseffekte und differenzielle Lernmilieus wirken. Es ist zu erwarten, dass die Leistungselite nach wie vor an Gymnasien unterrichtet wird, sodass die schwächeren Schüler*innen nicht von ihren Ambitionen profitieren. Das bedeutet nicht, dass ein zweigliedriger Schulentwurf das Ziel einer verbesserten Chancengleichheit verfehlt. Eine Reduktion der Selektivität und eine Erhöhung der Heterogenität in den Klassen sind in Bezug auf die Chancengleichheit durchaus zu befürworten. Das bedeutet eher, dass bei der Einführung eines zweigliedrigen Schulsystems nicht stehengeblieben werden darf. Möglicherweise könnte dieses Modell als Zwischenstufe fungieren, um langfristig eine „Schule für Alle" einzuführen, in der die von Bourdieu geforderte „rationale Pädagogik" inklusive einer „Habitussensibilisierung" von (angehenden) Lehrpersonen als wichtiges Zielkriterium erachtet wird. Ob ein solcher Schulversuch in Deutschland gelingen würde und die Bildungschancen von Schüler*innen unterschiedlicher sozialer Herkunft tatsächlich (langfristig) angeglichen werden könnten, lässt sich jedoch nicht abschließend beantworten und müsste empirisch weiter untersucht werden. Angesichts des der Schule auferlegten Selektionszwangs (Parsons, 2012) kann die Selektion auch in einer „Schule für Alle" nicht gänzlich eliminiert, sondern nur verschoben werden. Ein Neutralisieren der herkunftsspezifisch ungleichen Chancen, später einem der oberen Milieus anzugehören, erweist sich aufgrund der Selektionsfunktion des Schulwesens, der nach der Pflichtschulzeit folgenden Bildungsübergänge und der relativen Stabilität des Habitus als besonders herausfordernde, gesamtgesellschaftliche Aufgabe, wenn nicht sogar als Utopie.

Literaturverzeichnis

Alexander, K. L. & Entwisle, D. R. (1996). Schools and Children at Risk. In A. Booth & J. F. Dunn (Hrsg.), *Family-School Links. How Do They Affect Educational Outcomes?* (Penn State University Family Issues Symposia Series, S. 67–88). Hoboken: Taylor and Francis.

Alexander, K. L., Entwisle, D. R. & Olson, L. S. (2001). Schools, Achievement, and Inequality: A Seasonal Perspective. *Educational Evaluation and Policy Analysis, 23* (2), 171–191.

Angelone, D. (2019). Schereneffekte auf der Sekundarstufe I? Zum Einfluss des Schultyps auf den Leistungszuwachs in Deutsch und Mathematik. *Revue Suisse des Sciences de l'éducation, 41* (2), 446–466.

Autorengruppe Bildungsberichterstattung. (2020). *Bildung in Deutschland 2020. Ein indikatorengestützter Bericht mit einer Analyse zu Bildung in einer digitalisierten Welt.* Bielefeld: wbv Media.

Bacher, J. (2007). Effekte von Gesamtschulen auf Testleistungen und Chancengleichheit. *WISO, 30* (2), 15–34.

Bauer, U. (2011). *Sozialisation und Ungleichheit. Eine Hinführung.* Wiesbaden: VS Verl. für Sozialwiss.

Baumert, J., Nagy, G. & Lehmann, R. (2012). Cumulative Advantages and the Emergence of Social and Ethnic Inequality: Matthew Effects in Reading and Mathematics Development Within Elementary Schools? *Child Development, 83* (4), 1347–1367.

Baumert, J., Stanat, P. & Watermann, R. (2006). Schulstruktur und die Entstehung differenzieller Lern- und Entwicklungsmilieus. In J. Baumert (Hrsg.), *Herkunftsbedingte Disparitäten im Bildungswesen: differenzielle Bildungsprozesse und Probleme der Verteilungsgerechtigkeit. Vertiefende Analysen im Rahmen von PISA 2000* (S. 95–188). Wiesbaden: VS Verl. für Sozialwiss.

Becker, M., Lüdtke, O., Trautwein, U. & Baumert, J. (2006). Leistungszuwachs in Mathematik. Evidenz für einen Schereneffekt im mehrgliedrigen Schulsystem? *Zeitschrift für Pädagogische Psychologie, 20* (4), 233–242.

Becker, M., McElvany, N., Lüdtke, O. & Trautwein, U. (2014). Lesekompetenzen und schulische Lernumwelten: Besondere Fördereffekte des Frühübergangs in Gymnasien? *Zeitschrift für Entwicklungspsychologie und Pädagogische Psychologie, 46* (1), 35–50.

Becker, M., Stanat, P., Baumert, J. & Lehmann, R. (2008). Lernen ohne Schule: Differentielle Entwicklung der Leseleistungen von Kindern mit und ohne Migrationshintergrund während der Sommerferien. In F. Kalter (Hrsg.), *Kölner Zeitschrift für Soziologie und Sozialpsychologie* (S. 252–276). Opladen: Westdt. Verl.

Bellenberg, G. & Forell, M. (2014). Erhöhung der Chancengleichheit durch mehr Durchlässigkeit? In Bundesministerium für Bildung und Forschung (Hrsg.), *Bildungsforschung 2020 – Herausforderungen und Perspektiven. Dokumentation der Tagung des Bundesministeriums für Bildung und Forschung vom 29.–30. März 2012* (Bildungsforschung Band 40, S. 8–18). Bonn, Berlin: BMBF.

Bellenberg, G. & im Brahm, G. (2010). Reduzierung von Selektion und Übergangsschwellen. In G. Quenzel & K. Hurrelmann (Hrsg.), *Bildungsverlierer. Neue Ungleichheiten* (S. 517–535). Wiesbaden: VS Verl. für Sozialwiss.

Bos, W. (Hrsg.). (2010). *KESS 8. Kompetenzen und Einstellungen von Schülerinnen und Schülern am Ende der Jahrgangsstufe 8* (HANSE - Hamburger Schriften zur Qualität im Bildungswesen, Bd. 6). Münster: Waxmann.

Bos, W., Bonsen, M. & Gröhlich, C. (Hrsg.). (2009). *KESS 7: Kompetenzen und Einstellungen von Schülerinnen und Schülern an Hamburger Schulen zu Beginn der Jahrgangsstufe 7.* Münster: Waxmann.

Bos, W. & Gröhlich, C. (2010). Zusammenfassung zentraler Befunde. In W. Bos (Hrsg.), *KESS 8. Kompetenzen und Einstellungen von Schülerinnen und Schülern am Ende der Jahrgangsstufe 8* (HANSE - Hamburger Schriften zur Qualität im Bildungswesen, Bd. 6, S. 143–146). Münster: Waxmann.

Boudon, R. (1974). *Education, opportunity, and social inequality. Changing prospects in Western society* (Wiley series in urban research). New York, NY: Wiley.

Bourdieu, P. (1966/2001). *Wie die Kultur zum Bauern kommt. Über Bildung, Schule und Politik.* Hamburg: VSA-Verl.

Bourdieu, P. (1972/1973). Kulturelle Reproduktion und soziale Reproduktion. In P. Bourdieu & J.-C. Passeron (Hrsg.), *Grundlagen einer Theorie der symbolischen Gewalt* (S. 88–137). Frankfurt am Main: Suhrkamp.

Bourdieu, P. (1979/1987). *Die feinen Unterschiede. Kritik der gesellschaftlichen Urteilskraft.* Frankfurt am Main: Suhrkamp.

Bourdieu, P. (1980/1987). *Sozialer Sinn. Kritik der theoretischen Vernunft.* Frankfurt am Main: Suhrkamp.

Bourdieu, P. (1982/1985). *Sozialer Raum und "Klassen".* Frankfurt am Main: Suhrkamp.

Bourdieu, P. (1982/2005). *Die verborgenen Mechanismen der Macht.* Hamburg: VSA Verlag Hamburg.

Bourdieu, P. (1983). Ökonomisches Kapital, kulturelles Kapital, soziales Kapital. In R. Kreckel (Hrsg.), *Soziale Ungleichheiten* (Soziale Welt Sonderband, Bd. 2, S. 183–198). Göttingen: Schwartz.

Bourdieu, P. (1989/2004). *Der Staatsadel.* Konstanz: UVK-Verl.-Ges.

Bourdieu, P. (1993/2010). Verstehen. In P. Bourdieu (Hrsg.), *Das Elend der Welt* (Gekürzte Studienausg., 2. Aufl., S. 393–426). Konstanz: UVK-Verl.-Ges.

Bourdieu, P. (1997/2001). *Meditationen. Zur Kritik der scholastischen Vernunft.* Frankfurt am Main: Suhrkamp.

Bourdieu, P. & Passeron, J.-C. (1964/1971). *Die Illusion der Chancengleichheit. Untersuchungen zur Soziologie des Bildungswesens am Beispiel Frankreichs.* Stuttgart: Klett.

Bourdieu, P. & Passeron, J.-C. (1972/1973). Grundlagen einer Theorie der symbolischen Gewalt. In P. Bourdieu & J.-C. Passeron (Hrsg.), *Grundlagen einer Theorie der symbolischen Gewalt* (S. 7–87). Frankfurt am Main: Suhrkamp.

Bourdieu, P. & Wacquant, L. (1992/1996). *Reflexive Anthropologie.* Frankfurt am Main: Suhrkamp.

Brake, A. & Büchner, P. (2012). *Bildung und soziale Ungleichheit. Eine Einführung.* Stuttgart: Verlag W. Kohlhammer.

Braun, K.-H., Stübig, F. & Stübig, H. (2018). Pädagogische und diskursive Traditionsbezüge sowie innere Systematik der kritisch-konstruktiven Erziehungswissenschaft. Einführende Überlegungen und Hinweise. In K.-H. Braun, F. Stübig, H. Stübig & W. Klafki (Hrsg.), *Erziehungswissenschaftliche Reflexion und pädagogisch-politisches Engagement. Wolfgang Klafki weiterdenken* (S. 1–14). Wiesbaden: Springer VS.

Bremer, H. (2008). Die Möglichkeit von Chancengleichheit: Pierre Bourdieus Entzauberung der Natürlichkeit von Bildung und Erziehung - und deren ungebrochene Aktualität. In K.-S. Rehberg (Hrsg.), *Die Natur der Gesellschaft. Verhandlungen des 33. Kongresses der Deutschen Gesellschaft für Soziologie in Kassel 2006* (Verhandlungen des Deutschen Soziologentages, Bd. 33, S. 1528–2539). Frankfurt: Campus Verlag.

Bremer, H. (2012). Die Milieubezogenheit von Bildung. In U. Bauer, U. H. Bittlingmayer & A. Scherr (Hrsg.), *Handbuch Bildungs- und Erziehungssoziologie.* (S. 829–846). Wiesbaden: Springer VS.

Bremer, H. & Lange-Vester, A. (2014). Die Pluralität der Habitus- und Milieuformen bei Lernenden und Lehrenden. Theoretische und methodologische Überlegungen zum Verhältnis von Habitus und sozialem Raum. In W. Helsper, R.-T. Kramer & S. Thiersch (Hrsg.), *Schülerhabitus. Theoretische und empirische Analysen zum Bourdieuschen Theorem der kulturellen Passung* (Studien zur Schul- und Bildungsforschung, Band 50, S. 56–81). Wiesbaden: Springer VS.

Bremer, H. & Lange-Vester, A. (2015). Selektionsmechanismen in Bildungsinstitutionen – theoretische Perspektiven im Anschluss an Pierre Bourdieu. In W. Helsper & H.-H. Krüger (Hrsg.), *Auswahl der Bildungsklientel. Zur Herstellung von Selektivität in "exklusiven" Bildungsinstitutionen* (S. 69–92). Wiesbaden: Springer VS.

Caro, D. H. & Lehmann, R. (2009). Achievement inequalities in Hamburg schools: How do they change as students get older? *School Effectiveness and School Improvement, 20* (4), 407–431.

Dietrich, F., Heinrich, M. & Thieme, N. (2013). Bildungsgerechtigkeit jenseits von Chancengleichheit. Theoretische und empirische Ergänzungen und Alternativen zu ‚PISA' - Zur Einführung in den Band. In F. Dietrich, M. Heinrich & N. Thieme (Hrsg.), *Bildungsgerechtigkeit jenseits von Chancengleichheit. Theoretische und empirische Ergänzungen und Alternativen zu "PISA"* (S. 11–32). Wiesbaden: Springer VS.

Ditton, H. (2010a). Der Beitrag von Schule und Lehrern zur Reproduktion von Bildungsungleichheit. In R. Becker & W. Lauterbach (Hrsg.), *Bildung als Privileg. Erklärungen und Befunde zu den Ursachen der Bildungsungleichheit* (4. Aufl., S. 247–275). Wiesbaden: Springer VS.

Ditton, H. (2010b). Selektion und Exklusion im Bildungssystem. In G. Quenzel & K. Hurrelmann (Hrsg.), *Bildungsverlierer. Neue Ungleichheiten* (S. 53–71). Wiesbaden: VS Verl. für Sozialwiss.

Ditton, H. (2013). Bildungsverläufe in der Sekundarstufe. Ergebnisse einer Längsschnittstudie zu Wechseln der Schulform und des Bildungsgangs. *Zeitschrift für Pädagogik, 59* (6), 887–911.

Ditton, H. & Krüsken, J. (2009). Denn wer hat, dem wird gegeben werden? Eine Längsschnittstudie zur Entwicklung schulischer Leistungen und den Effekten der sozialen Herkunft in der Grundschulzeit. *Journal for educational research online, 1*, 33–61.

Ditton, H. & Krüsken, J. (2010). Bildungslaufbahnen im differenzierten Schulsystem – Entwicklungsverläufe von Laufbahnempfehlungen und Bildungsaspirationen in der Grundschulzeit. In J. Baumert, K. Maaz & U. Trautwein (Hrsg.), *Bildungsentscheidungen. Zeitschrift für Erziehungswissenschaft Sonderheft 12* (2009. Aufl., S. 74–102). Wiesbaden: VS Verlag für Sozialwissenschaften/ Springer Fachmedien Wiesbaden GmbH Wiesbaden.

Dollmann, J. (2011). Verbindliche und unverbindliche Grundschulempfehlungen und soziale Ungleichheiten am ersten Bildungsübergang. *KZfSS Kölner Zeitschrift für Soziologie und Sozialpsychologie, 63* (4), 595–621.

Dumont, H., Maaz, K., Neumann, M. & Becker, M. (2014). Soziale Ungleichheiten beim Übergang von der Grundschule in die Sekundarstufe I. Theorie, Forschungsstand, Interventions- und Fördermöglichkeiten. *Zeitschrift für Erziehungswissenschaft, 17* (24), 141–165.

Ehmke, T., Hohensee, F., Heidemeier, H. & Prenzel, M. (2004). Familiäre Lebensverhältnisse, Bildungsbeteiligung und Kompetenzerwerb. In PISA-Konsortium Deutschland (Hrsg.), *PISA 2003. Der Bildungsstand der Jugendlichen in Deutschland; Ergebnisse des zweiten internationalen Vergleichs* (S. 225–253). Münster: Waxmann.

Ehmke, T., Hohensee, F., Siegle, T. & Prenzel, M. (2006). Soziale Herkunft, elterliche Unterstützungsprozesse und Kompetenzentwicklung. In M. Prenzel (Hrsg.), *PISA 2003. Untersuchungen zur Kompetenzentwicklung im Verlauf eines Schuljahres* (S. 63–85). Münster: Waxmann.

Fend, H. (1982). *Gesamtschule im Vergleich*. Weinheim: Beltz.

Fend, H. (2009). Chancengleichheit im Lebenslauf – Kurz- und Langzeitfolgen von Schulstrukturen. In H. Fend, F. Berger & U. Grob (Hrsg.), *Lebensverläufe, Lebensbewältigung, Lebensglück. Ergebnisse der LifE-Studie* (S. 37–72). Wiesbaden: VS Verlag für Sozialwissenschaften/ GWV Fachverlage GmbH Wiesbaden.

Fröhlich, G. & Rehbein, B. (Hrsg.). (2014). *Bourdieu-Handbuch. Leben - Werk - Wirkung*. Stuttgart: Verlag J.B. Metzler.

Fuchs-Heinritz, W. & König, A. (2011). *Pierre Bourdieu. Eine Einführung* (2. Aufl.). Stuttgart: UTB GmbH.

Füssel, H.-P., Gresch, C., Baumert, J. & Maaz, K. (2010). Der institutionelle Kontext von Übergangsentscheidungen: Rechtliche Regelungen und die Schulformwahl am Ende der Grundschulzeit. In K. Maaz & Y. Anders (Hrsg.), *Der Übergang von der Grundschule in die weiterführende Schule. Leistungsgerechtigkeit und regionale, soziale und ethnisch-kulturelle Disparitäten* (S. 87–105). Bonn: Bundesministerium für Bildung und Forschung (BMBF) Referat Bildungsforschung.

Geißler, R. (2008). Die Metamorphose der Arbeitertochter zum Migrantensohn. Zum Wandel der Chancenstruktur im Bildungssystem nach Schicht, Geschlecht, Ethnie und deren Verknüpfungen. In P. A. Berger & H. Kahlert (Hrsg.), *Institutionalisierte Ungleichheiten. Wie das Bildungswesen Chancen blockiert* (2. Aufl., S. 71–100). Weinheim: Juventa-Verl.

Geißler, R. (2014). *Die Sozialstruktur Deutschlands. Zur gesellschaftlichen Entwicklung mit einer Bilanz zur Vereinigung* (7. Aufl.). Dordrecht: Springer.

Geißler, R. & Weber-Menges, S. (2010). Überlegungen zu einer behutsamen Perestroika des deutschen Bildungssystems. In G. Quenzel & K. Hurrelmann (Hrsg.), *Bildungsverlierer. Neue Ungleichheiten* (S. 557–584). Wiesbaden: VS Verl. für Sozialwiss.

Gresch, C., Baumert, J. & Maaz, K. (2010). Empfehlungsstatus, Übergangsempfehlung und der Wechsel in die Sekundarstufe I: Bildungsentscheidungen und soziale Ungleichheit. In J. Baumert, K. Maaz & U. Trautwein (Hrsg.), *Bildungsentscheidungen. Zeitschrift für Erziehungswissenschaft Sonderheft 12* (2009. Aufl., S. 230–256). Wiesbaden: VS Verlag für Sozialwissenschaften/ Springer Fachmedien Wiesbaden GmbH Wiesbaden.

Guill, K. & Gröhlich, C. (2013). Individuelle Lernentwicklung im gegliederten Schulsystem der Bundesrepublik Deutschland. Fragen an die Sekundarstufe I. In K. Schwippert, M. Bonsen & N. Berkemeyer (Hrsg.), *Schul- und Bildungsforschung. Diskussionen, Befunde und Perspektiven* (S. 51–70). Münster: Waxmann Verlag GmbH.

Hanushek, E. A. & Wößmann, L. (2006). Does educational Tracking affect Performance and Inequality? Differences-in-Differences Evidence across countries. *The Economic Journal, 116* (3), 63–76.

Harsch, C. & Schröder, K. (2008). Textrekonstruktion Englisch. In DESI-Konsortium (Hrsg.), *Unterricht und Kompetenzerwerb in Deutsch und Englisch. Ergebnisse der DESI-Studie* (S. 149–156). Weinheim: Beltz.

Heinrich, M. (2015). Inklusion oder Allokationsgerechtigkeit? Zur Entgrenzung von Gerechtigkeit im Bildungssystem im Zeitalter der semantischen Verkürzung von Bildungsgerechtigkeit auf Leistungsgerechtigkeit. In V. Manitius, B. Hermstein, N. Berkemeyer & W. Bos (Hrsg.), *Zur Gerechtigkeit von Schule. Theorien, Konzepte, Analysen* (S. 236–255). Münster: Waxmann Verlag.

Helsper, W. (2018). Lehrerhabitus. Lehrer zwischen Herkunft, Milieu und Profession. In A. Paseka, M. Keller-Schneider & A. Combe (Hrsg.), *Ungewissheit als Herausforderung für pädagogisches Handeln* (S. 105–140). Wiesbaden: Springer Fachmedien Wiesbaden.

Helsper, W., Kramer, R.-T. & Thiersch, S. (2014a). Habitus - Schule - Schüler: Eine Einleitung. In W. Helsper, R.-T. Kramer & S. Thiersch (Hrsg.), *Schülerhabitus. Theoretische und empirische Analysen zum Bourdieuschen Theorem der kulturellen Passung* (Studien zur Schul- und Bildungsforschung, Band 50, S. 7–29). Wiesbaden: Springer VS.

Helsper, W., Kramer, R.-T. & Thiersch, S. (Hrsg.). (2014b). *Schülerhabitus. Theoretische und empirische Analysen zum Bourdieuschen Theorem der kulturellen Passung* (Studien zur Schul- und Bildungsforschung, Band 50). Wiesbaden: Springer VS.

Helsper, W., Kramer, R.-T., Thiersch, S. & Ziems, C. (2010). Bildungshabitus und Übergangserfahrungen bei Kindern. In J. Baumert, K. Maaz & U. Trautwein (Hrsg.), *Bildungsentscheidungen. Zeitschrift für Erziehungswissenschaft Sonderheft 12* (2009. Aufl., S. 126–152). Wiesbaden: VS Verlag für Sozialwissenschaften/ Springer Fachmedien Wiesbaden GmbH Wiesbaden.

Heyns, B. (1987). Schooling and Cognitive Development: Is There a Season for Learning? *Child Development, 58* (5), 1151-1160.

Hillmert, S. & Jacob, M. (2008). Zweite Chance im Schulsystem? Zur sozialen Selektivität bei "späteren" Bildungsentscheidungen. In P. A. Berger & H. Kahlert (Hrsg.), *Institutionalisierte Ungleichheiten. Wie das Bildungswesen Chancen blockiert* (2. Aufl., S. 155–176). Weinheim: Juventa-Verl.

Horster, D. (2015). Bildungsgerechtigkeit aus sozialphilosophischer Sicht. In V. Manitius, B. Hermstein, N. Berkemeyer & W. Bos (Hrsg.), *Zur Gerechtigkeit von Schule. Theorien, Konzepte, Analysen* (S. 42–50). Münster: Waxmann Verlag.

Hurrelmann, K. (2013). Das Schulsystem in Deutschland: Das "Zwei-Wege-Modell" setzt sich durch. *Zeitschrift für Pädagogik, 59* (4), 455–468.

Hußmann, A., Wendt, H., Bos, W., Bremerich-Vos, A., Kasper, D., Lankes, E.-M. et al. (Hrsg.). (2017). *IGLU 2016. Lesekompetenzen von Grundschulkindern in Deutschland im internationalen Vergleich*. Münster: Waxmann.

Jantzen, W. (2018). Soziale Inklusion. In M. Walm, T. H. Häcker, F. Radisch & A. Krüger (Hrsg.), *Empirisch-pädagogische Forschung in inklusiven Zeiten. Konzeptualisierung, Professionalisierung, Systementwicklung* (S. 88–102). Bad Heilbrunn: Verlag Julius Klinkhardt.

Klafki, W. (2018). An welchen Werten sollten sich pädagogische Entscheidungen orientieren? In K.-H. Braun, F. Stübig, H. Stübig & W. Klafki (Hrsg.), *Erziehungswissenschaftliche Reflexion und pädagogisch-politisches Engagement. Wolfgang Klafki weiterdenken* (S. 31–50). Wiesbaden: Springer VS.

Kleine, L., Paulus, W. & Blossfeld, H.-P. (2010). Die Formation elterlicher Bildungsentscheidungen beim Übergang von der Grundschule in die Sekundarstufe I. In J. Baumert, K. Maaz & U. Trautwein (Hrsg.), *Bildungsentscheidungen. Zeitschrift für Erziehungswissenschaft Sonderheft 12* (2009. Aufl., S. 103–125). Wiesbaden: VS Verlag für Sozialwissenschaften/ Springer Fachmedien Wiesbaden GmbH Wiesbaden.

Klemm, K. & Rolff, H.-G. (2016). Chancengleichheit und Chancengerechtigkeit - Wortspiele oder Gesellschaftspolitik? *Journal für Schulentwicklung* (1), 8–15.

Kock, R. (2015). *Schule im Spannungsfeld zwischen Ausgrenzungsfunktion und Integrationsauftrag. Zur Möglichkeit der Entwicklung einer Pädagogik der gesellschaftlich Benachteiligten.* Baltmannsweiler: Schneider Verlag Hohengehren.

Koller, H.-C. (2012). *Grundbegriffe, Theorien und Methoden der Erziehungswissenschaft. Eine Einführung* (6. Aufl.). Stuttgart: Kohlhammer.

Köller, O. (2008). Gesamtschule - Erweiterung statt Alternative. In K. S. Cortina, J. Baumert, A. Leschinsky, K. U. Mayer & L. Trommer (Hrsg.), *Das Bildungswesen in der Bundesrepublik Deutschland. Strukturen und Entwicklungen im Überblick* (S. 437–466). Reinbek bei Hamburg: Rowohlt-Taschenbuch-Verl.

Kramer, R.-T. (2011). *Abschied von Bourdieu? Perspektiven ungleichheitsbezogener Bildungsforschung.* Wiesbaden: VS Verlag für Sozialwissenschaften/ Springer Fachmedien Wiesbaden GmbH Wiesbaden.

Kramer, R.-T. (2013). Abschied oder Rückruf von Bourdieu ? Forschungsperspektiven zwischen Bildungsentscheidungen und Varianten der kulturellen Passung. In F. Dietrich, M. Heinrich & N. Thieme (Hrsg.), *Bildungsgerechtigkeit jenseits von Chancengleichheit. Theoretische und empirische Ergänzungen und Alternativen zu "PISA"* (S. 115–135). Wiesbaden: Springer VS.

Kramer, R.-T. (2014). Kulturelle Passung und Schülerhabitus - Zur Bedeutung der Schule für Transformationsprozesse des Habitus. In W. Helsper, R.-T. Kramer & S. Thiersch (Hrsg.), *Schülerhabitus. Theoretische und empirische Analysen zum Bourdieuschen Theorem der kulturellen Passung* (Studien zur Schul- und Bildungsforschung, Band 50, S. 183–202). Wiesbaden: Springer VS.

Kramer, R.-T. & Helsper, W. (2010). Kulturelle Passung und Bildungsungleichheit – Potenziale einer an Bourdieu orientierten Analyse der Bildungsungleichheit. In H.-H. Krüger, U. Rabe-Kleberg, R.-T. Kramer & J. Budde (Hrsg.), *Bildungsungleichheit revisited. Bildung und soziale Ungleichheit vom Kindergarten bis zur Hochschule* (Studien zur Schul- und Bildungsforschung, Bd. 30, S. 103–125). Wiesbaden: VS Verl. für Sozialwiss.

Kunter, M. (2005). *Multiple Ziele im Mathematikunterricht* (Pädagogische Psychologie und Entwicklungspsychologie, Bd. 51). Münster: Waxmann.

Lange-Vester, A. & Teiwes-Kügler, C. (2006). Die symbolische Gewalt der legitimen Kultur. Zur Reproduktion ungleicher Bildungschancen in Studierendenmilieus. In W. Georg (Hrsg.), *Soziale Ungleichheit im Bildungssystem. Eine empirisch-theoretische Bestandsaufnahme* (Theorie und Methode Sozialwissenschaften, S. 55–92). Konstanz: UVK-Verl.-Ges.

Lange-Vester, A. & Teiwes-Kügler, C. (2013). Habitusmuster und Handlungsstrategien von Lehrerinnen und Lehrern: Akteure und Komplizen im Feld der Bildung. In H.-G. Soeffner & K. Kursawe (Hrsg.), *Transnationale Vergesellschaftungen. Verhandlungen des 35. Kongresses der Deutschen Gesellschaft für Soziologie in Frankfurt am Main 2010* (S. 1–16). Wiesbaden: Springer VS, CD-ROM.

Lange-Vester, A. & Teiwes-Kügler, C. (2014). Habitussensibilität im schulischen Alltag als Beitrag zur Integration ungleicher sozialer Gruppen. In T. Sander (Hrsg.), *Habitussensibilität. Eine neue Anforderung an professionelles Handeln* (Research, S. 177–208). Wiesbaden: Springer VS.

Lange-Vester, A., Teiwes-Kügler, C. & Bremer, H. (2019). Habitus von Lehrpersonen aus milieuspezifischer Perspektive. In R.-T. Kramer & H. Pallesen (Hrsg.), *Lehrerhabitus. Theoretische und empirische Beiträge zu einer Praxeologie des Lehrerberufs* (Studien zur Professionsforschung und Lehrerbildung, S. 27–48). Bad Heilbrunn: Verlag Julius Klinkhardt.

Lange-Vester, A. & Vester, M. (2018). Lehrpersonen, Habitus und soziale Ungleichheit in schulischen Bildungsprozessen. In K.-H. Braun, F. Stübig, H. Stübig & W. Klafki (Hrsg.), *Erziehungswissenschaftliche Reflexion und pädagogisch-politisches Engagement. Wolfgang Klafki weiterdenken* (159-183). Wiesbaden: Springer VS.

Lehmann, R. (2006). Zur Bedeutung der kognitiven Heterogenität von Schulklassen für den Lernstand am Ende der Klassenstufe 4. In A. Schründer-Lenzen (Hrsg.), *Risikofaktoren kindlicher Entwicklung. Migration, Leistungsangst und Schulübergang* (S. 109–124). Wiesbaden: VS Verlag für Sozialwissenschaften/ GWV Fachverlage GmbH Wiesbaden.

Lorenz, J. (2017). *Soziale Chancengerechtigkeit durch Gesamtschulen. Können Gesamtschulen dazu beitragen sekundäre Herkunftseffekte am Übergang nach der Sekundarstufe I zu reduzieren?* Dissertation, Georg-August-Universität Göttingen. Göttingen.

Maaz, K., Baumert, J. & Trautwein, U. (2010). Genese sozialer Ungleichheit im institutionellen Kontext der Schule: Wo entsteht und vergrößert sich soziale Ungleichheit? In J. Baumert, K. Maaz & U. Trautwein (Hrsg.), *Bildungsentscheidungen. Zeitschrift für Erziehungswissenschaft Sonderheft 12* (2009. Aufl., S. 11–46). Wiesbaden: VS Verlag für Sozialwissenschaften/ Springer Fachmedien Wiesbaden GmbH Wiesbaden.

Maaz, K. & Nagy, G. (2010). Der Übergang von der Grundschule in die weiterführenden Schulen des Sekundarschulsystems: Definition, Spezifikation und Quantifizierung primärer und sekundärer Herkunftseffekte. In J. Baumert, K. Maaz & U. Trautwein (Hrsg.), *Bildungsentscheidungen. Zeitschrift für Erziehungswissenschaft Sonderheft 12* (2009. Aufl., S. 153–182). Wiesbaden: VS Verlag für Sozialwissenschaften/ Springer Fachmedien Wiesbaden GmbH Wiesbaden.

Müller-Benedict, V. (2007). Wodurch kann die soziale Ungleichheit des Schulerfolgs am stärksten verringert werden? *Kölner Zeitschrift für Soziologie und Sozialpsychologie, 59* (4), 615–639.

Murayama, K., Pekrun, R., Lichtenfeld, S. & vom Hofe, R. (2012). Predicting Long-Term Growth in Students' Mathematics Achievement: The Unique Contributions of Motivation and Cognitive Strategies. *Child Development,* 1–16.

Neugebauer, M. (2010). Bildungsungleichheit und Grundschulempfehlung beim Übergang auf das Gymnasium: Eine Dekomposition primärer und sekundärer Herkunftseffekte. *Zeitschrift für Soziologie, 39* (3), 202–214.

Neumann, M., Becker, M. & Maaz, K. (2014). Soziale Ungleichheiten in der Kompetenzentwicklung in der Grundschule und der Sekundarstufe I. *Zeitschrift für Erziehungswissenschaft, 17* (24), 167–203.

Nikolova, R. (2010). 7.2 Schulischer Allgemeiner Fachleistungsindex unter mehrebenenanalytischer Betrachtung. In W. Bos (Hrsg.), *KESS 8. Kompetenzen und Einstellungen von Schülerinnen und Schülern am Ende der Jahrgangsstufe 8* (HANSE - Hamburger Schriften zur Qualität im Bildungswesen, Bd. 6, S. 107–117). Münster: Waxmann.

Nold, G. & Rossa, H. (2008). Hörverstehen Englisch. In DESI-Konsortium (Hrsg.), *Unterricht und Kompetenzerwerb in Deutsch und Englisch. Ergebnisse der DESI-Studie* (S. 120–129). Weinheim: Beltz.

OECD (OECD-Publishing, Hrsg.). (2001). *Knowledge and Skills for Life. First results from the OECD programme for international student assessment (PISA) 2000.* https://www.oecd-ilibrary.org/docserver/9789264195905-en.pdf?expires=1593876700&id=id&accname=guest&checksum=A426A61B5D9392E1C1CCC28D5C17877D [04.07.2020].

OECD. (2007). *PISA 2006. Volume 2: Data/Données.* Paris: OECD-Publishing.

OECD. (2010). *PISA 2009 Results: Overcoming Social Background: Equity in Learning Opportunities and Outcomes (Volume II).* Paris: OECD-Publishing.

OECD. (2013). *PISA 2012 Results: Excellence Through Equity. Giving Every Student The Chance To Succeed (Volume II).* Paris: OECD-Publishing.

OECD. (2016a). *PISA 2015 Ergebnisse (Band I). Exzellenz und Chancengerechtigkeit in der Bildung.* Bielefeld: wbv.

OECD. (2016b). *PISA 2015. Results (Volume I). Excellence and equity in education.* Paris: OECD-Publishing.

OECD. (2019). *PISA 2018 Results (Volume II). Where All Students Can Succeed.* Paris: OECD-Publishing.

Oelkers, J. (2004). Gesamtschule und Ganztagsschule - Politische Dimensionen des deutschen Bildungswesens. In H.-U. Otto & T. Coelen (Hrsg.), *Grundbegriffe der Ganztagsbildung. Beiträge zu einem neuen Bildungsverständnis in der Wissensgesellschaft* (S. 221–246). Wiesbaden: VS Verlag für Sozialwissenschaften.

Parsons, T. (2012). Die Schulklasse als soziales System: Einige ihrer Funktionen in der amerikanischen Gesellschaft. In U. Bauer, U. H. Bittlingmayer & A. Scherr (Hrsg.), *Handbuch Bildungs- und Erziehungssoziologie* (Bildung und Gesellschaft, S. 103–124). Wiesbaden: Springer VS.

Pfost, M., Artelt, C. & Weinert, S. (Hrsg.). (2013). *The development of reading literacy from early childhood to adolescence. Empirical findings from the Bamberg BiKS longitudinal studies* (Schriften aus der Fakultät Humanwissenschaften der Otto-Friedrich-Universität Bamberg, Bd. 14). Bamberg: Univ. of Bamberg Press.

Pfost, M., Karing, C., Lorenz, C. & Artelt, C. (2010). Schereneffekte im ein- und mehrgliedrigen Schulsystem. Differenzielle Entwicklung sprachlicher Kompetenzen am Übergang von der Grund- in die weiterführende Schule? *Zeitschrift für Pädagogische Psychologie, 24* (3-4), 259–272.

Picht, G. (1964). *Die deutsche Bildungskatastrophe. Analyse und Dokumentation.* Olten: Walter-Verlag.

Rauschenbach, T. & Otto, H.-U. (2004). Die neue Bildungsdebatte. Chance oder Risiko für die Kinder- und Jugendhilfe. In H.-U. Otto (Hrsg.), *Die andere Seite der Bildung. Zum Verhältnis von formellen und informellen Bildungsprozessen* (S. 9–29). Wiesbaden: VS Verl. für Sozialwiss.

Retelsdorf, J. & Möller, J. (2008). Entwicklungen von Lesekompetenz und Lesemotivation. Schereneffekte in der Sekundarstufe? *Zeitschrift für Entwicklungspsychologie und Pädagogische Psychologie, 40* (4), 179–188.

Rohlfs, C. (2011). *Bildungseinstellungen. Schule und formale Bildung aus der Perspektive von Schülerinnen und Schülern.* Wiesbaden: VS Verlag für Sozialwissenschaften/ Springer Fachmedien Wiesbaden GmbH Wiesbaden.

Rolff, H.-G., Leucht, M. & Rösner, E. (2008). Sozialer und familialer Hintergrund. In DESI-Konsortium (Hrsg.), *Unterricht und Kompetenzerwerb in Deutsch und Englisch. Ergebnisse der DESI-Studie* (S. 283–300). Weinheim: Beltz.

Scharenberg, K. (2012). *Leistungsheterogenität und Kompetenzentwicklung. Zur Relevanz klassenbezogener Kompositionsmerkmale im Rahmen der KESS-Studie*. Münster: Waxmann.

Schneider, T. & Pfost, M. (2013). Social and Immigration-Specific Differences in the Development of Reading Comprehension: A Longitudinal Analysis of Primary School Students in Germany. In M. Pfost, C. Artelt & S. Weinert (Hrsg.), *The development of reading literacy from early childhood to adolescence. Empirical findings from the Bamberg BiKS longitudinal studies* (Schriften aus der Fakultät Humanwissenschaften der Otto-Friedrich-Universität Bamberg, Bd. 14, S. 151-188). Bamberg: Univ. of Bamberg Press.

Schumacher, E. (2002). Die soziale Ungleichheit der Lehrer/innen - oder: Gibt es eine Milieuspezifität pädagogischen Handelns? In J. Mägdefrau & E. Schumacher (Hrsg.), *Pädagogik und soziale Ungleichheit. Aktuelle Beiträge - neue Herausforderungen* (S. 253–270). Bad Heilbrunn/Obb.: Klinkhardt.

Schümer, G. (2004). Zur doppelten Benachteiligung von Schülern aus unterprivilegierten Gesellschaftsschichten im deutschen Schulwesen. In G. Schümer, K.-J. Tillmann & M. Weiß (Hrsg.), *Die Institution Schule und die Lebenswelt der Schüler. Vertiefende Analysen der PISA-2000-Daten zum Kontext von Schülerleistungen* (S. 73–114). Wiesbaden: VS Verl. für Sozialwiss.

Schütz, G. & Wößmann, L. (2005). Wie lässt sich die Ungleichheit der Bildungschancen verringern? *ifo Schnelldienst, 58*, 15–25.

Schwingel, M. (2000). *Pierre Bourdieu zur Einführung*. Hamburg: Junius.

Silkenbeumer, M. & Wernet, A. (2012). *Die Mühen des Aufstiegs: von der Realschule zum Gymnasium. Fallrekonstruktionen zur Formierung des Bildungsselbst* (Pädagogische Fallanthologie Schüler, Band 9). Opladen: Verlag Barbara Budrich.

Solga, H. (2008). Meritokratie - die moderne Legitimation ungleicher Bildungschancen. In P. A. Berger & H. Kahlert (Hrsg.), *Institutionalisierte Ungleichheiten. Wie das Bildungswesen Chancen blockiert* (Bildungssoziologische Beiträge, 2. Aufl., S. 19–38). Weinheim: Juventa-Verl.

Solga, H. & Dombrowski, R. (2009). *Soziale Ungleichheiten in schulischer und außerschulischer Bildung. Stand der Forschung und Forschungsbedarf*. Düsseldorf: Hans-Böckler-Stiftung.

Stojanov, K. (2011). *Bildungsgerechtigkeit. Rekonstruktionen eines umkämpften Begriffs*. Wiesbaden: VS Verlag für Sozialwissenschaften/ Springer Fachmedien Wiesbaden GmbH Wiesbaden.

Stubbe, T. C., Bos, W. & Schurig, M. (2017). Kapitel VIII. Der Übergang von der Primar- in die Sekundarstufe. In A. Hußmann, H. Wendt, W. Bos, A. Bremerich-Vos, D. Kasper, E.-M. Lankes et al. (Hrsg.), *IGLU 2016. Lesekompetenzen von Grundschulkindern in Deutschland im internationalen Vergleich* (S. 235–250). Münster: Waxmann.

Stubbe, T. C., Lorenz, C., Bos, W. & Kasper, D. (2016). Kapitel XIII. Der Übergang von der Primar- in die Sekundarstufe. In H. Wendt, W. Bos, C. Selter, O. Köller, K. Schwippert & D. Kasper (Hrsg.), *TIMSS 2015. Mathematische und naturwissenschaftliche Kompetenzen von Grundschulkindern in Deutschland im internationalen Vergleich* (S. 351–365). Münster: Waxmann Verlag.

Tiedemann, J. & Billmann-Mahecha, E. (2010). Wie erfolgreich sind Gymnasiasten ohne Gymnasialempfehlung? Die Kluft zwischen Schullaufbahnempfehlung und Schulformwahl der Eltern. *Zeitschrift für Erziehungswissenschaft, 13* (4), 649–660.

UNESCO. (1994). *The Salamanca Statement and Framework for Action on Special Needs Education*. https://unesdoc.unesco.org/ark:/48223/ pf0000098427 [15.09.2020].

Van Ophuysen, S., Riek, K. & Dietz, S.-L. (2015). Soziale Gerechtigkeit am Übergang von der Grundschule zur weiterführreden Schule - die Perspektive der Lehrkräfte. In V. Manitius, B. Hermstein, N. Berkemeyer & W. Bos (Hrsg.), *Zur Gerechtigkeit von Schule. Theorien, Konzepte, Analysen* (S. 332–351). Münster: Waxmann Verlag.

Vester, M. (2006). Die ständische Kanalisierung der Bildungschancen. Bildung und soziale Ungleichheit zwischen Boudon und Bourdieu. In W. Georg (Hrsg.), *Soziale Ungleichheit im Bildungssystem. Eine empirisch-theoretische Bestandsaufnahme* (Theorie und Methode Sozialwissenschaften, S. 13–54). Konstanz: UVK-Verl.-Ges.

Vester, M. (2013a). Das schulische Bildungssystem unter Druck: Sortierung nach Herkunft oder milieugerechte Pädagogik ? In F. Dietrich, M. Heinrich & N. Thieme (Hrsg.), *Bildungsgerechtigkeit jenseits von Chancengleichheit. Theoretische und empirische Ergänzungen und Alternativen zu "PISA"* (S. 91–114). Wiesbaden: Springer VS.

Vester, M. (2013b). Zwischen Marx und Weber: Praxeologische Klassenanalyse mit Bourdieu. In A. Brake, H. Bremer & A. Lange-Vester (Hrsg.), *Empirisch Arbeiten mit Bourdieu. Theoretische und methodische überlegungen, Konzeptionen und Erfahrungen* (S. 130–195). Weinheim: Beltz Verlagsgruppe.

Vester, M., Oertzen, P. von, Geiling, H., Hermann, T. & Müller, D. (2001). *Soziale Milieus im gesellschaftlichen Strukturwandel. Zwischen Integration und Ausgrenzung.* Frankfurt am Main: Suhrkamp.

Vieluf, U., Ivanov, S. & Nikolova, R. (Hrsg.). (2011). *KESS 10/11– Kompetenzen und Einstellungen von Schülerinnen und Schülern an Hamburger Schulen am Ende der Sekundarstufe I und zu Beginn der gymnasialen Oberstufe (HANSE – Hamburger Schriften zur Qualität im Bildungswesen, Bd. 10).* Münster: Waxmann.

Vierlinger, R. (2009). Echte Gesamtschule statt Zwei-Säulen-Modell! In D. Bosse & P. Posch (Hrsg.), *Schule 2020 aus Expertensicht. Zur Zukunft von Schule, Unterricht und Lehrerbildung* (S. 129–134). Wiesbaden: VS Verlag für Sozialwissenschaften/ GWV Fachverlage GmbH Wiesbaden.

Vogel, D. (2019). *Habitusreflexive Beratung im Kontext von Schule. Ein Weg zu mehr Bildungsgerechtigkeit.* Wiesbaden: Springer Fachmedien Wiesbaden.

Wagner, W., Helmke, A. & Schrader, F.-W. (2010). Die Rekonstruktion der Übergangsempfehlung für die Sekundarstufe I und der Wahl des Bildungsgangs auf der Basis des Migrationsstatus, der sozialen Herkunft, der Schulleistung und schulklassenspezifischer Merkmale. In J. Baumert, K. Maaz & U. Trautwein (Hrsg.), *Bildungsentscheidungen. Zeitschrift für Erziehungswissenschaft Sonderheft 12* (2009. Aufl., S. 183–204). Wiesbaden: VS Verlag für Sozialwissenschaften/ Springer Fachmedien Wiesbaden GmbH Wiesbaden.

Watermann, R., Maaz, K. & Szczesny, M. (2009). Soziale Disparitäten, Chancengleichheit und Bildungsreformen. In S. Blömeke (Hrsg.), *Handbuch Schule. Theorie - Organisation - Entwicklung* (UTB Schulpädagogik, Bd. 8392, S. 94–100). Bad Heilbrunn: Klinkhardt.

Wendt, H., Bos, W., Selter, C., Köller, O., Schwippert, K. & Kasper, D. (Hrsg.). (2016). *TIMSS 2015. Mathematische und naturwissenschaftliche Kompetenzen von Grundschulkindern in Deutschland im internationalen Vergleich.* Münster: Waxmann Verlag.

Winkler, O. (2017). *Aufstiege und Abstiege im Bildungsverlauf.* Dissertation, Universität Halle-Wittenberg. Halle (Saale).

Zielonka, M., Beier, L. & Blossfeld, H.-P. (2014). Schulverläufe während der Sekundarstufe. In M. Mudiappa & C. Artelt (Hrsg.), *BiKS - Ergebnisse aus den Längsschnittstudien. Praxisrelevante Befunde aus dem Primar- und Sekundarschulbereich* (Schriften aus der Fakultät Humanwissenschaften der Otto-Friedrich-Universität Bamberg, Bd. 15, S. 119–130). Bamberg: University of Bamberg Press.

Zöller, I. & Roos, J. (2009). Einfluss individueller Merkmale und familiärer Faktoren auf den Schriftspracherwerb. In J. Roos & H. Schöler (Hrsg.), *Entwicklung des Schriftspracherwerbs in der Grundschule. Längsschnittanalyse zweier Kohorten über die Grundschulzeit* (S. 47–108). Wiesbaden: VS Verlag für Sozialwissenschaften/ GWV Fachverlage GmbH Wiesbaden.